Gobernanza Regulatoria del Sector Ferroviario en México

El presente trabajo se publica bajo la responsabilidad del Secretario General de la OCDE. Las opiniones expresadas y los argumentos utilizados en el mismo no reflejan necesariamente el punto de vista oficial de los países miembros de la OCDE.

Tanto este documento, así como cualquier dato y cualquier mapa que se incluya en él, se entenderán sin perjuicio respecto al estatus o la soberanía de cualquier territorio, a la delimitación de fronteras y límites internacionales, ni al nombre de cualquier territorio, ciudad o área.

Los datos estadísticos para Israel son suministrados por y bajo la responsabilidad de las autoridades israelíes competentes. El uso de estos datos por la OCDE es sin perjuicio del estatuto de los Altos del Golán, Jerusalén Este y los asentamientos israelíes en Cisjordania bajo los términos del derecho internacional.

Por favor, cite esta publicación de la siguiente manera:
OECD (2020), *Gobernanza Regulatoria del Sector Ferroviario en México*, OECD Publishing, Paris, *https://doi.org/10.1787/853948a7-es*.

ISBN 978-92-64-61203-7 (impresa)
ISBN 978-92-64-96365-8 (pdf)

Prefacio

Las regulaciones juegan un papel fundamental en el desempeño de una industria. Pueden facilitar, o restringir, el ingreso de nuevas compañías a un mercado determinado y pueden reprimir o promover la innovación. A pesar de que en teoría las regulaciones persiguen un interés legítimo, como lo es proteger a los consumidores, los trabajadores y el medio ambiente, es posible que fallen en lograr estos objetivos y en lugar de ello generen cargas innecesarias sobre los negocios y los ciudadanos. Por lo tanto, es necesario revisar las regulaciones continuamente para asegurarse de que sean "adecuadas para su objetivo".

Al igual que en cualquier otro país, en México el sistema ferroviario puede ser un catalizador de la actividad económica al transportar insumos para la producción, distribuir bienes intermedios y de consumo y permitir a las personas viajar a sus lugares de trabajo o realizar actividades de placer. Para asegurarse de que el sistema pueda alcanzar su potencial, el gobierno mexicano solicitó a la OCDE revisar los elementos que definen la gobernanza regulatoria de su sector ferroviario, incluyendo el marco regulatorio, el diseño y las atribuciones de la agencia de supervisión regulatoria y la forma en la que interactúan los actores interesados del sistema ferroviario.

Este informe describe la serie de reformas estructurales que ha experimentado el sector ferroviario mexicano en los últimos 25 años. Un cambio significativo fue la transición de un servicio ferroviario administrado públicamente a un sistema ferroviario bajo concesiones privadas. Más recientemente, la Agencia Reguladora del Transporte Ferroviario se estableció como el organismo de vigilancia del sector. Estas reformas se vieron acompañadas de un crecimiento agregado de 141% en la cantidad de carga transportada por el sistema ferroviario mexicano: de 1995 a 2017, pasó de 52 millones a 127 millones de toneladas.

Con base en la Recomendación de la OCDE sobre Política y Gobernanza Regulatoria, el informe también proporciona una evaluación de la gobernanza regulatoria del sector ferroviario en México y ofrece recomendaciones para continuar con los esfuerzos en materia de reformas. Sugiere maneras para fortalecer las capacidades de la Agencia Reguladora del Transporte Ferroviario para emitir regulaciones costo-efectivas y hacer cumplir las regulaciones de manera más efectiva. También identifica los vacíos en la implementación y la cobertura del marco regulatorio actual, como en el marco relacionado a los derechos relacionados al uso de vías (la capacidad de utilizar la red ferroviaria de otras compañías) y las metodologías para definir las tarifas.

El informe también recomienda que el gobierno mexicano inicie a trabajar en su visión a mediano plazo del sistema ferroviario, considerando que los derechos de exclusividad de la mayoría de las concesiones actuales expirarán en los siguientes cinco a siete años. Este informe proporciona orientación sobre los elementos que se deben considerar al definir esta nueva visión.

Reconocimientos

El reporte fue dirigido por Manuel Flores Romero, Coordinador del Programa en Política Regulatoria de la OCDE en Latinoamérica de la División de Política Regulatoria de la OCDE y Stephen Perkins, Jefe de Investigación y Política del Foro Internacional de Transporte (ITF). El reporte fue coordinado bajo el liderazgo de Nick Malyshev, Jefe de la División de Política Regulatoria y Marcos Bonturi, Director de Gobernanza Pública. El equipo recibió valiosos comentarios del *par revisor*, el Sr. Russell Pittman del Departamento de Justicia de los Estados Unidos. Los principales autores son Stephen Perkins del ITF, Andrés Blancas, Gloriana Madrigal, Erik Pérez y Manuel Flores Romero de la División de Política Regulatoria de la OCDE. Andrea Uhrhammer, Klas Klaas y Marcos Bonturi realizaron contribuciones significativas. Claudia Paupe y Anna Kanjovski proporcionaron apoyo administrativo y organizacional. Jennifer Stein coordinó el proceso editorial.

La revisión se basa en la información recopilada a través de un cuestionario en junio de 2018. El equipo revisor también sostuvo reuniones en la Ciudad de México en julio y octubre del 2018 con un amplio rango de actores interesados, incluyendo funcionarios gubernamentales de diversas secretarías y agencias gubernamentales, representantes académicos y de la comunidad empresarial y expertos en temas regulatorios y ferroviarios.

Un borrador de los hallazgos clave de la revisión se analizó en un almuerzo de trabajo con reguladores de transporte durante la reunión de la Red de Reguladores Económicos de la OCDE en abril de 2019. Extendemos nuestro agradecimiento a todos los miembros por su retroalimentación y comentarios.

La OCDE agradece a la Secretaría de Comunicaciones y Transportes y a la Agencia Reguladora del Transporte Ferroviario (ARTF), en particular Sr. Alejandro Álvarez, Director de la ARFT y Gabriela Ignacio, Directora de Proyectos Internos.

La OCDE también agradece al Sr. Benjamín Alemán, ex director de la ARTF y a su equipo: Francisco Vargas, Oscar Cortes y Estanislao Sandoval. Un agradecimiento especial a Yuriria Mascott, ex subsecretaria de Transportes.

Se recibió información valiosa de los equipos de Mercados Regulados, la Autoridad Investigadora y la Unidad de Asuntos Legales de la Comisión Federal de Competencia Económica (COFECE). La OCDE agradece especialmente a Octavio Gutiérrez, Andrea Gamboa, Andrea Latapie y Myrna Mustieles por sus comentarios y su útil retroalimentación.

Los comentarios y la experiencia de los actores interesados del sector privado representaron un insumo útil para esta revisión. La OCDE aprecia la participación de Francisco Fabila y Edgar Aguileta de Kansas City Southern México; Carlos Median y José Luis Pérez del Ferrocarril del Istmo de Tehuantepec; Francisco Jurado y Lourdes Aranda de Ferromex; Erich Wetzel de FERROVALLE y Carlos Anaya del Ferrocarril Suburbano.

La OCDE reconoce los comentarios ofrecidos por el Sr. Carlos Mier y Terán y Roberto Vargas Molina del Banco Nacional de Obras y Servicios Públicos (Banobras) de México. Además, la OCDE agradece al Sr. Guillermo Lecona de la Secretaría de Finanzas (SHCP) por sus útiles comentarios.

La OCDE también agradece a Francisco Kim y Leonardo Gómez de la Asociación Nacional de Transporte Privado (ANTP) de México; Iker de Luisa de la Asociación Mexicana de Ferrocarriles (AMF); Roberto Aguerrebere y Carmen Martínez del Instituto Mexicano del Transporte (IMT).

Por último, la OCDE agradece a Fernando Bueno, José Valente, Fátima Guzmán, Eduardo Bravo y Jessica Chaparro de la Secretaría de Transportes y Comunicaciones. También, se recibieron comentarios de Víctor Silva, Sandra Hernández y Jorge Hernández de la Dirección General de Transporte Ferroviario y Multimodal.

Tabla de contenido

Tablas

Figuras

Recuadros

Acrónimos y abreviaturas

ACCC	Comisión Australiana de la Competencia y del Consumidor
Admicarga	Administradora de la vía corta Tijuana Tecate
AEEGSI	Autoridad italiana para la Energía Eléctrica, el Gas y el Sistema Hídrico (Autorità per l'Energia Elettrica, il Gas e il Sistema Idrico)
AMF	Asociación Mexicana de Ferrocarriles
ANTP	Asociación Nacional de Transporte Privado
ARCEP	Autoridad Reguladora de Comunicaciones y Correos Electrónicos (Autorité de Régulation des Communications Électroniques et des Postes)
ARTF	Agencia Reguladora del Transporte Ferroviario
BANOBRAS	Banco Nacional de Obras y Servicios Públicos
BNetzA	Agencia Federal de Redes (Bundesnetzagentur)
CAF	Construcciones y Auxiliar de Ferrocarriles S.A.
CCNN	Comités Consultivos Nacionales de Normalización
Chepe	Ferrocarril Chihuahua-Pacífico
CLR	Tarifa de línea competitiva
CN	Red ferroviaria Nacional Canadiense
CNMC	Comisión Nacional de los Mercados y la Competencia
COAGEC	Consejo de Energía del Consejo de Gobiernos Australianos
COFECE	Comisión Federal de Competencia Económica
COFEMER	Comisión Federal de Mejora Regulatoria
CONAMER	Comisión Nacional de Mejora Regulatoria
CP	Ferrocarril Pacífico Canadiense
CRE	Comisión Reguladora de la Energía
CTA	Agencia de Transportación Canadiense
CTA	Ley de Transporte Canadiense
Defra	Departamento de Medio Ambiente, Alimentación y Asuntos Rurales del Reino Unido
DGDFM	Dirección General de Desarrollo Ferroviario y Multimodal
DOF	Diario Oficial de la Federación
ERSAR	Entidad Reguladora de los Servicios de Agua y de Residuos
FCCM	Compañía de Ferrocarriles Chiapas-Mayab
FdelP	Ferrocarril del Pacífico

Ferromex	Ferrocarriles Mexicanos
Ferrovalle	Ferrocarril y Terminal del Valle de México
FIT	Ferrocarril del Istmo de Tehuantepec
FNM	Ferrocarriles Nacionales de México
HHI	Índice de Herfindahl e Hirschman
ICC	Comisión Interestatal de Comercio
IFT	Instituto Federal de Telecomunicaciones
IMT	Instituto Mexicano del Transporte
IT	Tecnología de la información
ITF	Foro Internacional de Transporte
KCSM	Kansas City Southern México
LFCD	Línea Coahuila-Durango
LRSF	Ley Reglamentaria del Servicio Ferroviario
NAO	Oficina Nacional de Auditoría
NdeM	Ferrocarriles Nacionales de México
NEB	Consejo Nacional de Energía de Canadá
Nkom	Autoridad Noruega de Comunicaciones
Ofgem	Oficina de Mercados de Gas y Electricidad
Ofwat	Autoridad de Regulación de Servicios de Agua
ORR	Oficina de Trenes y Carreteras, Reino Unido
PIB	Producto interno bruto
PUC	Comisión de Servicios Públicos
RIA	Evaluación de impacto regulatorio
SCT	Secretaría de Comunicaciones y Transportes
SFP	Secretaría de la Función Pública
SHCP	Secretaría de Hacienda y Crédito Público
SoE	Declaración de expectativas
SoI	Declaración de Intención
STB	Consejo de Transporte Terrestre
TFM	Transportación Ferroviaria Mexicana
TFVM	Ferrocarril y Terminal Ferroviaria del Valle de México
TMM	Transportación Marítima Mexicana
TRB	Consejo de Investigación de Transporte

Instrumentos legales que afectan los servicios ferroviarios en México

Instrumento legal	Nombre en español	Fecha de publicación	Enlace Web
Law on the Regulation of Rail Services	*Ley Reglamentaria del Servicio Ferroviario*	Última reforma 24-04-2018	http://www.diputados.gob.mx/LeyesBiblio/pdf/20 9_240418.pdf
Bylaw on Rail Services	*Reglamento del Servicio Ferroviario*	Última reforma 18-08-2016	https://www.dof.gob.mx/nota_detalle.php?codig o=5448475&fecha=18/08/2016
Federal Law on Metrology and Standardisation	*Ley Federal sobre Metrología y Normalización*	Última reforma 15-06-2018	http://www.diputados.gob.mx/LeyesBiblio/pdf/13 0_150618.pdf
General Law for Regulatory Improvement	*Ley General de Mejora Regulatoria*		
Decree SCT 26-01-2015, modifying the Law on the Regulation of Rail Services for the creation of the ARTF	*Decreto SCT 26-01-2015, modificación de la Ley Reglamentaria del Servicio Ferroviario para la creación de la ARTF*	26-01-2015	http://dof.gob.mx/nota_detalle.php?codigo=537 9469&fecha=26/01/2015
Decree SCT 18-08-2016, modification of the internal bylaw of the SCT for the delimitation of the duties of the General Directorate for Rail and Multimodal Development	*Decreto SCT 18-08-2016, modificación del reglamento interior de la SCT para la delimitación de funciones de la Dirección General de Desarrollo Ferroviario y Multimodal*	18-08-2016	https://www.dof.gob.mx/nota_detalle.php?codig o=5448474&fecha=18/08/2016

Resumen ejecutivo

En 1995, el gobierno reformó los ferrocarriles de México por medio de un estatuto a través de la Ley Reglamentaria del Servicio Ferroviario. Esta contempló que la red ferroviaria pública se dividiera en un pequeño número de concesiones ferroviarias de carga privadas, exclusivas e integradas verticalmente. Las reformas ferroviarias de 1995 lograron una recuperación completa en el desempeño del sector ferroviario mexicano. El PIB en el transporte de carga ferroviario creció en promedio 4.1% por año de 1995-2017, superando el resultado de todos los otros modos de transporte.

Después de una serie de enmiendas a la Ley de 1995, se creó la Agencia Reguladora del Transporte Ferroviario (ARTF), con el objetivo primario de incrementar la capacidad del gobierno para implementar regulaciones relativas a los derechos de paso y la protección de las tarifas, entre otros.

Hallazgos principales

- Fortalecer la capacidad regulatoria a través del establecimiento de la ARTF fue un paso esencial para fomentar el desarrollo de un sistema ferroviario seguro, eficiente y competitivo en México. La ARTF ha realizado un progreso consistente para cerrar las brechas en la capacidad regulatoria requerida para garantizar la implementación de la Ley Reglamentaria del Servicio Ferroviario. Sin embargo, es necesario abordar todavía muchos retos, incluyendo el presupuesto, problemas regulatorios y de gobernanza, con el fin de lograr una implementación total de las disposiciones legales.

- No obstante, el tiempo que ha tomado implementar algunos de los principales derechos de paso obligatorios incluidos en los acuerdos de concesión para la interconexión y competencia indica una capacidad regulatoria inadecuada para hacer cumplir la ley.

- Existe una brecha en la regulación para definir el proceso y la metodología para determinar las tarifas cuando dos titulares de concesión no llegan a un acuerdo sobre los servicios de interconexión o para los transportistas cautivos en ausencia de competencia.

- La terminación del uso exclusivo de sus redes en muchas concesiones representa desafíos para las autoridades regulatorias y de competencia, con implicaciones para el futuro del sistema ferroviario en México.

- Los objetivos, las funciones, las atribuciones y los deberes de la ARTF se distribuyen entre la Ley Reglamentaria del Servicio Ferroviario y el decreto de la creación de la ARTF y se concentran en su manual organizacional. En la actualidad, se combinan los deberes regulatorios y promocionales, lo que vuelve confuso el papel de la agencia.

- La ARFT publica regularmente información sobre seguridad y otros indicadores del sector ferroviario; sin embargo, esta información tiene un alcance limitado. La agencia actualmente no promueve una responsabilidad pública más amplia, además de informar a la Secretaría de Comunicaciones y Transportes y la Secretaría de Finanzas.

- La ARTF tiene limitaciones en su capacidad para adquirir los fondos para lograr los objetivos y las funciones establecidas en el marco legal.

Recomendaciones principales

- La ARTF podría evaluar si la introducción de derechos de paso adicionales permitiría que la industria mexicana obtuviera beneficios significativos en cuanto a la eficiencia y la competitividad de toda la red, sin menoscabar la sustentabilidad de los servicios ferroviarios que ya se prestan en las concesiones. Un buen modelo de red sería extremadamente útil para realizar estas valoraciones y evaluaciones.

- Al desarrollar la capacidad para crear las disposiciones para la conectividad y competencia en la ley completamente operacional, la ARTF podría concentrarse en establecer la base de la regulación de tarifas tanto para los transportistas cautivos como en los casos donde se falla en lograr un acuerdo sobre los derechos de uso de vías y de arrastre. Dichos cargos necesitarán cubrir costos marginales, como lo estipula la Ley. Para transportistas cautivos, se necesita una guía para identificar precios abusivos.

- La ARTF podría también examinar la disponibilidad de los servicios interlínea y desarrollar procedimientos para establecer tarifas reguladas donde las concesiones fallan en ofrecer servicios.

- La Secretaría de Comunicaciones y Transportes y el gobierno mexicano en general deben comenzar a trabajar en su visión del sistema ferroviario post 2027 sin demora, ya que el ciclo de inversión de los ferrocarriles es mucho más largo que 9 años. Se podría solicitar la opinión experta de la ARTF en este sentido.

- El marco regulatorio que define el papel y las funciones de la ARTF podría revisarse para procurar una reforma que centre las funciones de la Agencia en las funciones reglamentarias, asignando al mismo tiempo las funciones de promoción a la Dirección General de Desarrollo Ferroviario. En el corto plazo, la ARTF podría crear un documento de estrategia para definir sus prioridades entre sus actuales funciones reguladoras y de promoción.

- Una evaluación de los deberes de inspección de la ARTF ayudaría a definir los recursos necesarios para cumplir esta función de manera apropiada. Se deben definir las estrategias a corto y largo plazo para cumplir con estos deberes, considerando acuerdos de cooperación formales con los centros de la Secretaría de Comunicaciones y Transportes mientras la ARTF adquiere sus propias capacidades.

- Guías y otros instrumentos regulatorios son necesarios para establecer un sistema de sanciones efectivo.

- La Agencia podría considerar establecer prácticas sobre rendición de cuentas y transparencia que vayan más allá de sus obligaciones actuales que se derivan del marco nacional. Por ejemplo, la ARTF debe mejorar la cantidad y calidad de información que publica en su portal web en formatos amigables con el usuario.

- Con el fin de fortalecer las prácticas de rendición de cuentas y transparencia, la ARTF podría fomentar sus mecanismos de notificación sometiendo informes anuales al Congreso separados de los informes de la Secretaría de Comunicaciones y Transportes. También podrían adoptarse mecanismos proactivos para enviar el informe a otros actores interesados clave, como expertos de asociaciones industriales y del sector y buscar su retroalimentación.

- La Secretaría de Comunicaciones y Transportes, la Secretaría de Finanzas y la ARTF podrían revisar los requisitos de financiamiento de la agencia con el fin de definir el presupuesto que la agencia necesita para cumplir sus obligaciones de manera efectiva. En esta revisión, se debe considerar implementar las reformas necesarias para permitir a la ARTF proponer su presupuesto de manera autónoma e implementarlo de manera independiente dentro de los límites establecidos en la ley del presupuesto anual para el año calendario. Adicionalmente, estas reformas podrían incluir disposiciones para otorgar una parte de la tarifa actualmente cargada a las entidades reguladas directamente a la ARTF.

1 Evaluación y recomendaciones

Este capítulo presenta la evaluación y las recomendaciones de este informe. La primera sección contiene la evaluación, que se divide entre los hallazgos relacionados con la regulación ferroviaria y los hallazgos relacionados con la gobernanza de la Agencia Reguladora del Transporte Ferroviario. Para cada hallazgo, se desarrollan los argumentos correspondientes que condujeron a una conclusión particular. La segunda sección contiene las recomendaciones, que ofrecen propuestas concretas para abordar los hallazgos mencionados previamente.

Evaluación sobre la regulación ferroviaria

1. *El fortalecimiento de la capacidad de reglamentación mediante el establecimiento de la Agencia Reguladora del Transporte Ferroviario (ARTF) era una medida esencial y pendiente para fomentar el desarrollo de un sistema ferroviario seguro, eficiente y competitivo en México. La ARTF ha progresado consistentemente para cerrar la brecha en la capacidad reguladora necesaria para garantizar la aplicación de la Ley de Regulación de los Servicios Ferroviarios. Sin embargo, aún existen muchos retos, entre ellos los relativos al presupuesto, la reglamentación y la gobernanza, a fin de aspirar a la plena aplicación de las disposiciones legales.*

La ARTF ha puesto en práctica todos los objetivos a corto plazo que se le fijaron en las revisiones de la Ley Reglamentaria del Servicio Ferroviario en el 2015. La ARTF se está enfocando en garantizar que estén instauradas las herramientas técnicas para la ejecución de su mandato. Esto incluye la recolección de información detallada y exacta sobre los ingresos y costos ferroviarios, así como la capacidad del personal de la agencia para analizar y utilizar dichos datos. Lo anterior incluye actualizar el registro de los activos de las concesiones y actualizar los requisitos técnicos para la inspección y el mantenimiento de las vías. Lo último ya ha implicado una mejoría significativa para asegurar una operación segura del sistema. Mantener un registro actualizado de los recargos en las tarifas de transportación también es importante. Parte del tráfico es extremadamente sensible a estos cargos y los cambios en los "descuentos" aplicados por los titulares de las concesiones pueden tener un impacto significativo en la viabilidad del tráfico. También incluye la recolección de información precisa y comprobable sobre qué derechos de uso de vías se están utilizando actualmente y los detalles de su uso.

Sin embargo, las restricciones presupuestarias han desacelerado el progreso, retrasando el reclutamiento de personal especializado y ha resultado en puestos cubiertos por personal con deberes adicionales en otras áreas de la política ferroviaria, diluyendo los recursos disponibles para la regulación. Los retrasos parecen deberse en gran parte o en su totalidad a esta sub financiamiento, y la dirección y planeación administrativa han sido efectivas en estas circunstancias restringidas.

Adicionalmente, existen brechas en la legislación que impiden una acción dirigida a implementar las disposiciones legales completamente, lo que tiene un impacto en el desarrollo de los servicios ferroviarios. Estas incluyen problemas sobre los derechos de uso de vías, tarifas y problemas de competencia, así como desafíos en el diseño de la gobernanza de la ARTF (que se analiza a detalle más adelante).

Los retrasos y los desafíos significan que todo el impacto del establecimiento de la ARTF no será aparente en el corto plazo. Se debe fortalecer el financiamiento de la Agencia para facilitar la ejecución de su mandato y cualquier reforma adicional debe basarse en los éxitos logrados hasta ahora a través de las intervenciones de la ARTF en vez de tomar una nueva dirección.

2. *El tiempo tomado para implementar algunos de los principales derechos de uso de vías obligatorios en los acuerdos de concesión para la interconexión y competencia refleja una capacidad regulatoria inadecuada para hacer cumplir la ley.*

La Ley Reglamentaria del Servicio Ferroviario de 1995 estipula que la Secretaría de Comunicaciones y Transportes (SCT) otorgue concesiones a compañías privadas para que operen las líneas ferroviarias bajo las condiciones establecidas por la Secretaría y dispuestas en los títulos de concesión. Los términos de acceso a la infraestructura ferroviaria se establecen a través de los tres instrumentos: la ley, los reglamentos y los acuerdos de los títulos de concesión, en conjunto. Las concesiones se diseñaron para maximizar el ingreso producido de la venta de las rentas y, por lo tanto, consideró largos periodos de acceso exclusivo a mercados.

Derechos de paso y de arrastre específicos se estipularon en los anexos a los acuerdos de concesión como una excepción otorgados exclusivamente al titular de la concesión. Estos derechos de paso permiten al titular de una concesión operar servicios de carga sobre las vías de la otra concesión. Algunos de estos derechos de paso y arrastre incluidos en los títulos de propiedad de concesión fueron para dar lugar a la competencia, principalmente por razones operativas más prácticas. La mayor parte se limita a productos, rutas, itinerarios y pares de origen-destino específicos (excluyendo el servicio comercial entre puntos intermedios).

Algunos de los derechos diseñados para promover la interconexión se implementaron sin retraso,[1] sirviendo a plantas industriales específicas o conectando redes fragmentadas. No obstante, hubo casos de negociaciones estancadas entre las concesiones sobre los términos de uso de muchos de los derechos[2], y ha sido problemático el uso de otros derechos de uso de vías.

A los titulares de la concesión también se les permite utilizar los derechos de paso voluntariamente para gestionar las interrupciones y las secciones congestionadas de la vía (Regulación 107). Sin embargo, por lo general no existe ningún incentivo para las concesiones para que acepten los términos sobre los derechos diseñados para facilitar la competencia y su interés subyacente es preservar mercados exclusivos en vez de competir por clientes y debilitar la exclusividad.

El gobierno también se reservó el derecho en los títulos para asignar derechos de paso adicionales para trenes de pasajeros. También se reservó el derecho para asignar derechos de paso y arrastre adicionales para trenes de carga en el interés público – condicionado a la factibilidad económica y técnica desde el punto de vista de la concesión, el tráfico internacional y en la base de reciprocidad. Ahora, no se ha especificado ninguna prueba de factibilidad económica, y no se ha realizado ninguna concesión sobre los derechos de uso de vías o arrastre. Estas disposiciones se estipulan en el Artículo 1.4.2 de los acuerdos de concesión.

El establecimiento de la ARTF contribuyó a aliviar parte de la limitada capacidad reguladora de la Secretaría de Comunicaciones y Transportes (SCT) para hacer cumplir y promover el uso de los derechos de paso, lo que repercute en la promoción del desarrollo de los servicios ferroviarios mediante una competencia más intensa, aunque todavía existen lagunas operativas, legislativas y de gobernanza, que se examinan a continuación. La escasa capacidad para asegurar el cumplimiento de la ley hasta la fecha sugiere que posiblemente haya un potencial no explotado de mejora de la eficiencia y la calidad del servicio mediante el desarrollo de la competencia en el marco actual de la ley

Combinado con una base operativa para la regulación de tarifas (véase más adelante), la reciente expiración del periodo de 20 años de exclusividad de los derechos de paso y arrastre en los acuerdos de concesión como una protección alternativa para los transportistas cautivos a tarifas reguladas puede demandar acuerdos más privados con respecto a los derechos de uso de vías y arrastre, con remedios para los transportistas con la ARTF en caso de que los acuerdos se demuestren insuficientes, por consiguiente la importancia de fortalecer la capacidad regulatoria de la Agencia.

3. *Existe una brecha en la regulación para definir el proceso y la metodología para determinar las tarifas cuando dos titulares de una concesión no logren un acuerdo en los servicios de interconexión, o para los transportistas cautivos en la ausencia de competencia*

La Ley Reglamentaria del Servicio Ferroviario, y sus enmiendas en 2015 tiene como propósito establecido "regular la construcción, operación, explotación, conservación, mantenimiento y garantía de interconexión en las vías férreas … así como procurar las condiciones de competencia en el servicio público de transporte ferroviario…". La ley y los títulos de concesión permiten el balance de la libertad básica de los titulares de concesión para establecer libremente las tarifas y disfrutar el uso exclusivo de sus redes con derechos de concesiones para competir entre ellos utilizando derechos de paso en las circunstancias especificadas y proporcionar protecciones a los transportistas cautivos de tarifas abusivas.

Con este orden de ideas, la Ley Reglamentaria del Servicio Ferroviario enmendada incluye disposiciones específicas en el artículo 35 para que la ARTF establezca las tarifas cuando dos titulares de concesiones con servicios de interconexión y los derechos de paso o arrastre asociado no lleguen a un acuerdo sobre establecer derechos de acceso y cargos de manera voluntaria y en el artículo 36 para que establezca los derechos de uso de vías obligatorios en rutas específicas cuando la COFECE encuentre una ausencia de competencia efectiva en un área específica.

Sin embargo, actualmente, no existe una metodología y proceso oficial establecido para que la ARTF establezca los derechos de acceso y cargos donde estos no se han acordado de manera voluntaria. Además, la ley omite especificar qué acciones puede abordar un transportista si ninguna concesión propone una tarifa o si las propuestas son inaceptables y no se identifica ningún papel de la Agencia (o de la COFECE) en la ausencia de un acuerdo.

Por lo tanto, existe una brecha en la ley, debido a que no especifica los procedimientos que se deben seguir cuando las concesiones fallan en ofrecer tarifas para los servicios interlínea u ofrecen solo tarifas no competitivas. La falta de capacidad regulatoria hasta el establecimiento de la ARTF también puede explicar la ausencia de todo recurso a las disposiciones de la ley para proteger a los transportistas cautivos mediante la reglamentación de las tarifas.

4. *El reciente e inminente fin de exclusividad para el uso de sus redes en muchas concesiones representa desafíos para las autoridades de competencia y regulatorias, con implicaciones en el futuro del sistema ferroviario en México*

La COFECE ha iniciado una evaluación muy detallada de la competencia en los mercados que incluyen interconexión entre las redes de concesión (COFECE, 2016[1]). Su evaluación preliminar encontró una ausencia amplia de competencia efectiva, pero finalmente se consideró que la evidencia era insuficiente para tomar acciones. La Ley Reglamentaria del Servicio Ferroviario permite a la ARTF remediar casos específicos de ausencia de competencia efectiva. En caso de que la ARTF solicite a la COFECE que examine mercados específicos donde espera encontrar un beneficio general neto de la intervención, con una definición más estrecha del mercado relevante, la COFECE podría confirmar una falta de competencia efectiva si las disposiciones de la ley se cumplen y la investigación de la COFECE proporciona la evidencia de soporte necesaria.

En este escenario donde la ausencia de una competencia efectiva es determinada por la COFECE, la ARTF tendría que actuar para asegurarse de que los derechos para paso y los derechos de arrastre se otorguen en la red ferroviaria bajo evaluación y que se establezcan las tarifas correspondientes.

La COFECE (2016[1]) interpreta que la capacidad de la ARTF para asegurar la concesión de los derechos de uso de vías en la ausencia de competencia solo aplica una vez que el periodo de exclusividad de 20 años establecido en las concesiones concluya. Considerando que en periodos de exclusividad en la mayoría de las concesiones finalizan en 9 años, se justifica un incremento en la demanda de funciones y recursos de la ARTF. Esto pone una presión adicional para publicar el marco regulatorio necesario para una operación efectiva de la Agencia y para abordar los retos presupuestarios y de gobernanza que se discuten a continuación.

El gobierno podría hacer cambios más sistemáticos al marco de competencia a través de la red, pero durante los periodos de exclusividad otorgados en los títulos de concesión esto puede requerir que se paguen compensaciones a los titulares de concesiones al grado que los nuevos acuerdos podrían reducir el valor de las concesiones.

Adicionalmente, la SCT y el gobierno necesitan iniciar a trabajar más ampliamente en su visión del sistema ferroviario después del 2027 sin demora, ya que el ciclo de inversión de los ferrocarriles es mucho mayor a 9 años. En esta visión, se debe buscar un balance entre exclusividad y competencia intramodal así como entre intermodal.

5. *Un objetivo clave de la Agencia es promulgar regulaciones; en específico, regulaciones de seguridad y técnicas. Para lo primero, la ARTF sigue buenas prácticas regulatorias establecidas por la Comisión Nacional de Mejora Regulatoria (CONAMER); para lo segundo, la ARTF estableció recientemente un Comité Consultivo Nacional de Normalización (CCNN) como lo ordena la Ley Federal sobre Metrología y Normalización. Sin embargo, no existe una agenda de planeación a futuro para priorizar la regulación que se promulgará, que también se ve afectada por la regla de 1x1 ("one-in, one-out", una entrada, una salida) establecida para controlar los flujos de regulación del gobierno mexicano.*

De acuerdo con el manual de la organización, uno de los objetivos clave de la ARTF es la publicación de la regulación subordinada, incluyendo la regulación técnica. Hasta ahora, la prioridad de la ARTF para promulgar regulaciones se enfoca en problemas rezagados en lugar de centrarse en una agenda de planeación a futuro estructurada construida a partir de los criterios discutidos con los actores interesados; es decir, agencias gubernamentales, entidades regulatorias, expertos o público en general. Esto afecta la capacidad de la ARTF para enfocar los recursos en las regulaciones más necesarias.

Adicionalmente, México introdujo recientemente una nueva Ley General de Mejora Regulatoria que obliga a las agencias regulatorias a un principio 1x1 (véase el Recuadro 1.1). En específico, si se debe promulgar una regulación, los costos de cumplimiento que genera necesitan sustraerse de otra regulación existente. Esta regla ha limitado la capacidad de la ARTF para publicar regulaciones ya que carece de un inventario de regulaciones por ser eliminadas para cumplir con la regla.

Recuadro 1.1. La práctica de *one-in, x-out* en los países de la OCDE y en México

¿Cuál es la práctica de *one-in, x-out*?

Una regla de *one-in, x-out* (una entra, x salen) es una política para compensar las cargas potenciales creadas por las nuevas regulaciones, reduciendo o eliminando las actuales. De este modo, la práctica requiere eliminar un x número de regulaciones con el fin de publicar una regulación nueva. En la práctica, la regla de una *one-in, x-out* puede implementarse de diversas formas. Por ejemplo, eliminando regulación por regulación o compensando los impactos negativos equivalentes (más parecido a la regla costo entra, costo sale de compensación de costos) en lugar de un número específico de regulaciones.

El fundamento más común para limitar los costos regulatorios se basa en la correlación negativa entre dichos costos (medidos como una proporción del producto interno bruto) y el desempeño económico en términos de crecimiento económico y del empleo

Resumen de las prácticas en los países de la OCDE

El enfoque de compensación tiene sus raíces en establecer objetivos cuantitativos netos para reducir los costos administrativos. Esto tuvo sus inicios en los Países Bajos en la década de 1990 con la introducción del Modelo de Costeo Estándar, un método para cuantificar las cargas administrativas en términos monetarios. El Reino Unido fue el primer país de la OCDE en formalizar el enfoque de *One-In, One-Out* en 2011. Canadá, España y Alemania, siguieron la regla en 2012, 2013 y 2015, respectivamente. Más recientemente, Corea, EE.UU., México y Francia introdujeron sus versiones de compensación regulatoria. Australia implementó la regla y después la abandonó. Finlandia completó un proyecto piloto evaluando una política de *una entrada, una salida*.

Estados Unidos: las agencias revisarán o rechazarán dos regulaciones existentes para cada nueva regulación federal que imponga costos. La regla pide asegurarse de que los costos regulatorios incrementales totales de todas las nuevas regulaciones compensadas por las regulaciones revisadas

---

o rechazadas, no debe ser mayor a cero. El enfoque de EE.UU. considera todos los costos de oportunidad para la sociedad, directos o indirectos, de acuerdo con la Oficina de Administración y Presupuesto los costos de oportunidad es el concepto apropiado para evaluar tanto los costos como los beneficios. El enfoque vuelve al proceso mejor conectado con el proceso de evaluación del impacto regulatorio; sin embargo, calcular todos los costos de oportunidad podría consumir tiempo, ser onerosos y dependientes de modelos apropiados (econométricos).

Canadá: la regla de *One for One* se introdujo en abril de 2012 basándose en el Reporte sobre la Reducción de la Burocracia (*Red Tape Reduction Commission's Recommendation Report).* La regla requiere compensar nuevas cargas administrativas directas sobre los negocios impuestas por cualquier cambio regulatorio, eliminando una cantidad igual de cargas del inventario de regulaciones. La regla también incluye eliminar una regulación existente cada vez que una nueva ley promulgada impone nuevas cargas administrativas sobre los comercios.

Francia: una moratoria establecida en 2013 para nuevas regulaciones fue similar a la ley de *una entrada, una salida* (1x1), en la cual se requiere que los departamentos: compensen el incremento en los costos a los negocios y eliminen o simplifiquen una regulación existente cuando otra se promulga. La diferencia consistió en los costos de los gobiernos locales y los ciudadanos, que también se consideraron. En 2017, la regla se extendió en la política de dos por uno (2x1) con la intención de imponer un mayor control en el flujo regulatorio de los textos, debido a que el enfoque original no alcanzó los resultados deseados.

Reino Unido: el enfoque de *One-in, One-out* se estableció en 2011. El programa se consideró altamente exitoso y el gobierno decidió duplicar la compensación introduciendo la regla *One-In, Two-Out* (una entrada, dos salidas, 2x1). En 2015 el enfoque se vio incluso fortalecido y cada libra de costo creada por una nueva regulación debió compensarse con una reducción de 3 libras, lo que creó la política de *One-In, Three-Out* (una entrada, tres salidas, 3x1). La regla fue una herramienta para alcanzar el Objetivo de Impacto en los Negocios de reducir los costos regulatorios para los negocios en 10 mil millones de GBP por cinco años hasta el fin de 2020. La compensación regulatoria se reemplazó en 2017 con un enfoque para promover una regulación más eficiente, fundamentada en una evidencia de alta calidad y respaldada por la transparencia y la rendición de cuentas por los costos y beneficios.

Desafíos

La regla de *one-in, x-out* tiene muchos desafíos para su implementación. A continuación, se enumeran algunos de los más relevantes:

- La identificación adecuada de los costos y beneficios, que pueden ser directos o indirectos. La medición de costos también representa un desafío relevante ya que consume tiempo y es onerosa.

- Las reglas simples no se adecúan en todos los casos. En las nuevas instituciones y en las industrias emergentes o en desarrollo puede existir una necesidad de crear regulaciones para controlar riesgos, en lugar de reducir cargas. De este modo, la compensación no es una opción real y existe una necesidad de establecer situaciones especiales.

- La regla de compensación puede ser una carga por sí misma si no existe capacitación, transparencia y reglas claras.

- Los esfuerzos utilizados al analizar los efectos potenciales de la regla de *x salen* pueden tener un impacto sobre los recursos utilizados en el desarrollo de la Evaluación del Impacto Regulatorio.

La regla de *una entra, una sale* en México

En marzo de 2017, el Gobierno Federal publicó en el Diario Oficial un decreto con las guías para implementar la regla de *una entrada, dos salidas* (2x1) para cualquier entidad de la administración federal que pretenda promulgar actos administrativos, de acuerdo con la Ley Federal de Procedimientos Administrativos, específicamente bajo el alcance del Artículo 69-H respecto a costos de cumplimiento. La regla se enfocó en evitar promulgar actos administrativos, si eran para crear costos de cumplimiento, salvo para algunas excepciones. Estos incluyen emergencias, obligaciones derivadas de leyes primarias, compromisos internacionales, regulaciones recurrentes, beneficios positivos netos, etc.

El decreto indicó que, si una entidad busca publicar un acto administrativo, debe incluir en el anteproyecto, dos regulaciones que se retirarán del mismo sector, Artículo 5. Posteriormente, la COFEMER (ahora CONAMER) podría verificar una reducción neta de los costos de cumplimiento. De acuerdo con la COFEMER, 73 anteproyectos regulatorios se sometieron al decreto entre el 9 de marzo y el 31 de octubre de 2017, lo que resultó en un ahorro de costos equivalente a MXN 31 347.94 millones, los costos generados por las nuevas regulaciones sumaron un total de 1 758.06 millones de pesos y la reducción neta de costos fue 29 589.88 millones (COFEMER, 2017[2]).

El 18 de mayo de 2018, el gobierno publicó la Ley General de Mejora Regulatoria actual. La ley establece que, si alguna regulación crea costos de cumplimiento, el anteproyecto debe incluir las obligaciones regulatorias o los actos que deben derogarse para compensar la nueva carga. Así, la nueva regla en México es del tipo costo entra, costo sale.

En México, la Comisión Nacional de Mejora Regulatoria (CONAMER) es responsable de supervisar la implementación de la regla actual de *una entrada, una salida* y para este propósito monitorea la compensación de los costos de cumplimiento para los individuos tras la introducción de una nueva regulación.

Al igual que en el decreto, la ley sintetiza las excepciones de la implementación de *una entrada, una salida*. No obstante, no existen guías para adoptar apropiadamente la regla y estandarizar las prácticas. Tampoco existen consideraciones para casos como instituciones nuevas y regulaciones nuevas o no actualizadas a través de los sectores.

Tabla 1.1. Características y retos de la Ley de Mejora Regulatoria de México

Concepto	Características	Desafío
Una entrada, una salida	Compensación de costos	Tiempo y costo para la medición.
Guías	No existen guías	No existen cláusulas para nuevas instituciones e industrias emergentes.
Plan de implementación	No existe un plan de implementación	No existe evidencia de esfuerzos de capacitación y transparencia. Concepción errónea de la herramienta. Intercambios entre recursos humanos en la adopción de la herramienta.
Regulación subordinada	Sin estatutos	Incertidumbre sobre casos específicos e implementación de la herramienta.

Fuente: (Trnka and Thuerer, 2019[3]), "One-In, X-Out: Regulatory offsetting in selected OECD countries" [una entrada, x salida: compensación regulatoria en países seleccionados de la OCDE], OECD Regulatory Policy Working Papers, No. 11, Paris, https://doi.org/10.1787/67d71764-en.

Además, el principio de *one-in, one-out* carece de las guías para implementar la política de forma estandarizada y con completa certeza. La regla hasta ahora solo se indica como una obligación para compensar nuevas regulaciones pero con pocas excepciones, no toma en cuenta situaciones de urgencia, nuevas instituciones, etc.

La ausencia de una agenda de planeación proyectada para promulgar regulaciones (véase adelante) junto con la regla de *una entrada, una salida* afecta la capacidad de la ARTF para abordar problemas regulatorios de relevancia.

6. *La ARTF y la Dirección General de Desarrollo Ferroviario y Multimodal de la SCT (DGDFM) se encuentran formalmente separadas, pero siguen compartiendo personal, actividades, procedimientos administrativos y funciones. En funcionamiento, la agencia y la Dirección General no han definido qué información pertenece a cada entidad y el personal puede desempeñar diferentes roles dentro de la ARTF y la dirección general de manera simultánea.*

La ARTF recibió capacidades regulatorias específicas por la ley, pero la SCT, la Secretaría de Finanzas (SHCP) y la Secretaría de la Función Pública (SFP) aún no han concluido las disposiciones administrativas para transferir todo el personal designado a la agencia. La ARTF debe tener 67 funcionarios, los cuales, en su mayoría provienen de la DGDFM. Sin embargo, después de dos años, la ARTF tiene 18 funcionarios y queda pendiente la asignación de otros 49. En la actualidad, la ARTF posee responsabilidades regulatorias que no puede desarrollar formalmente ya que el personal continúa en la DGDFM.

Adicionalmente, parte del personal pendiente por ser transferido, tiene roles y funciones dentro de la DGDFM que debe realizar la ARTF, por lo que no queda claro si estas actividades también se transferirán junto con el personal a la ARTF, o permanecerán en la DGDFM.

La ARTF carece de cierta información crucial para la realización sus funciones de manera adecuada. Por ejemplo, la ARTF no cuenta con una copia completa de las concesiones ferroviarias y la DGDFM incumple al no proporcionarla. En este sentido, la ARTF recurre a los titulares de concesiones para obtener algo de información.

Por otra parte, la asignación clara de recursos financieros y la separación de funciones entre los funcionarios públicos son temas pendientes tanto en la DGDFM como en la ARTF. Por ejemplo, el personal a cargo del proceso de inspección recibe su asignación para viáticos de la SCT mientras que la supervisión de hecho proviene de la ARTF. Esta situación se presenta, dado que la ARTF carece del personal apropiado y suficiente para llevar a cabo un proceso de inspección. Por ejemplo, la ARTF requiere el apoyo de la SCT para realizar un proceso de inspección y la ARTF es el organismo de vigilancia.

7. *El marco regulatorio de los ferrocarriles en México no estipula las disposiciones para la participación de la ARTF en el proceso de concesión, siendo la SCT la única responsable. La ARTF debería participar en el proceso ya que puede proporcionar opiniones no vinculantes sobre asuntos regulatorios. Esto es relevante porque la ARTF es la agencia que interactuará con las empresas reguladas después de que se otorguen las concesiones.*

Las SCT es la entidad responsable del proceso de otorgamiento de concesiones en el sector ferroviario. La ley actual no incluye la participación de la ARTF en dicho proceso, aunque participa de manera informal. Sin embargo, una participación más sistemática de la ARTF sería útil ya que es la institución a cargo de monitorear el comportamiento de las entidades reguladas.

Un proceso de concesión en el cual la SCT y la ARTF tengan una coordinación con anticipación puede evitar asimetrías de información y alinear las expectativas sobre la futura participación de cada parte. Por consiguiente, se puede lograr una implementación más eficiente y efectiva del marco regulatorio.

Evaluación sobre la gobernanza de la Agencia Reguladora del Transporte Ferroviario

En un contexto donde existe una constante expectativa de resultados rápidos y eficientes de la política, establecer reguladores de alto desempeño es un elemento relevante para lograr buenos resultados regulatorios. Para este propósito, las agencias regulatorias deben apuntar a establecer disposiciones institucionales y estructuras organizacionales que les permitan alcanzar sus objetivos de manera efectiva y manejar los desafíos de manera eficiente.

Los Principiosde Mejores Prácticas de la OCDE: La Gobernanza de los Reguladores estipulan siete principios para que las agencias regulatorias mejoren su desempeño (OECD, 2014[4]).

8. *Claridad del rol: los objetivos, las funciones, las atribuciones y las obligaciones de la ARTF se distribuyen entre la Ley Reglamentaria del Servicio Ferroviario y el decreto de creación de la ARTF y están concentrados en su manual organizacional. En la actualidad, las obligaciones regulatorias y de promoción están combinadas, lo que vuelve confuso el papel de la agencia. Además, la ARTF no puede asumir algunas de las obligaciones regulatorias debido a la falta de capacidades institucionales y a las brechas en las regulaciones. Adicionalmente, después de dos años de existencia, el personal y las funciones de la ARTF y la Dirección General de Desarrollo Ferroviario y Multimodal siguen mezclados y con funciones superpuestas.*

La ARTF se estableció en agosto de 2016 como un órgano desconcentrado de la SCT. De acuerdo con el decreto de creación, la agencia es responsable de vigilar tres aspectos principales de la transportación ferroviaria: 1) regulación económica relativa a tarifas; 2) regulación técnica por propósitos de seguridad; 3) inspecciones, junto con la autoridad para hacer cumplir la regulación y emitir sanciones, cuando corresponda; y 4) derechos de paso y de arrastre.

Durante sus primeros dos años de existencia, la ARTF ha enfocado sus recursos a cumplir con compromisos inmediatos y basados en el tiempo contenidos en los diferentes documentos legales. Por ejemplo, el decreto de creación estipula que la agencia debe publicar su manual organizacional dentro de los 180 días de su publicación o el Artículo 8 de las cláusulas transitorias de la LRSF, que establece que la ARTF debe publicar una regulación técnica de emisión de ruido dentro de los 60 días después de su creación.

A pesar de las recientes reformas al marco regulatorio ferroviario, existe una necesidad de evaluar el papel de la agencia para separar las obligaciones de regulación y promoción. Un ejemplo de los roles que necesitan aclararse aún más es la promoción de la red ferroviaria. De acuerdo con la LRSF, la ARTF tiene como función promover la expansión y el uso de la red ferroviaria. El logro de esta función requiere el establecimiento de metas específicas en coordinación con la DGDFM para evitar conflictos con otras obligaciones regulatorias. La agencia se enfrenta a objetivos contrapuestos en lo que respecta a su función reguladora en el sector ferroviario y a la promoción y expansión del sistema, que en principio debería ser responsabilidad exclusiva de la DGDFM. Véase el Recuadro 1.2 para observar el ejemplo de un país de la OCDE sobre la claridad de la función de un regulador.

Otro problema surge con la falta de una capacidad instalada de la ARTF para realizar inspecciones, lo que le impide desempeñar sus obligaciones de manera apropiada. Hoy en día, los centros de la SCT apoyan a la ARTF en las actividades de inspección. Sin embargo, esta coordinación no se realiza a través de acuerdos formales, lo que puede crear tensiones en la efectividad del proceso de inspección para cumplir los estándares de la agencia.

Además, el marco regulatorio para las sanciones y multas todavía debe desarrollarse a través de guías específicas para su aplicación.

Por último, como se mencionó anteriormente, la agencia todavía enfrenta graves restricciones debido a la falta de personal. Desde la creación de la agencia, se realizaron las disposiciones para transferir personal de la DGFDM a la ARTF, aunque este proceso no se ha completado.

Recuadro 1.2. El principio de claridad de la función del regulador: ejemplo de un país

Instituto Federal de Telecomunicaciones de México

La reforma de las telecomunicaciones efectuada en 2013 en México creó el Instituto Federal de Telecomunicaciones (IFT), como la agencia encargada de la regulación del sector y de la competencia económica en el mismo. La Ley de Telecomunicaciones y Radiodifusión establece las facultades tanto del IFT como de la Secretaría de Comunicaciones y Transportes (antiguo regulador del mercado).

El IFT es un organismo autónomo con personalidad legal y activos propios. Está a cargo de regular, promover y supervisar el uso y la explotación del espectro radioeléctrico, los recursos orbitales, las redes públicas de telecomunicaciones y la concesión de radiodifusión y telecomunicaciones. Regula el acceso a la infraestructura y otros insumos esenciales. También está a cargo de las guías técnicas relativas a la infraestructura y el equipo para acceder a la red de telecomunicaciones. Por último, es la autoridad en los temas de antimonopolio para el mercado de las telecomunicaciones.

Por otra parte, las tareas de la Secretaría de Comunicaciones y Transportes están orientadas a la promoción del mercado. Esto incluye actividades como políticas de planeación para asegurar una cobertura universal, colaborar en acuerdos internacionales de telecomunicaciones, adquirir infraestructura, etcétera.

Desde el punto de vista del principio de la claridad de las funciones, la separación completa de la política regulatoria y las actividades de promoción en dos instituciones vuelve más eficiente la implementación de ambas tareas, dado que ahora no compiten por recursos financieros, personal, prioridades, entre otros.

Según la fortaleza de la red institucional en cada país, el principio de la claridad de las funciones requiere una separación formal de las facultades para otorgar autonomía en la toma de decisiones. Anteriormente, la Secretaría de Comunicaciones y Transportes fue la institución a cargo de la promoción, pero al mismo tiempo fue la cabeza del organismo regulatorio desconcentrado. Como tal, la Secretaría aprobaba el presupuesto del organismo regulatorio, lo negociaba con la Secretaría de Finanzas y por último, se lo asignaba al regulador. De este modo, existía el riesgo de que la Secretaría pudiera tener una influencia potencial sobre el desempeño del regulador y su ejecución en la política.

---

9. *Evitar una influencia indebida y mantener la confianza: la ARTF aún debe mejorar su marco regulatorio y desarrollar prácticas formales para generar confianza y respaldar la toma de decisiones. Las recientes modificaciones legales que le otorgan independencia técnica conforme a derecho son un importante paso adelante, pero contar con más disposiciones institucionales garantizará una operación efectiva basándose en la confianza y la reputación.*

La ARTF debe permanecer cerca de los actores interesados dado que puede aprender de la industria, comprender los efectos de las decisiones regulatorias y el impacto potencial sobre el público. La ARTF requiere también coordinación con agencias públicas para desplegar una estrategia integral. Un requisito básico para mantener una relación fuerte y efectiva con los actores relevantes es una agenda planeada, institucionalizada y pública sobre la participación de los actores interesados. Véase el Recuadro 1.3 para observar ejemplos de algunos países.

La independencia demanda más esfuerzos en materia de transparencia y rendición de cuentas. No obstante, la ARTF no cuenta con una agenda anual planeada para trabajar con los actores interesados. La evidencia muestra que la ARTF se reúne continuamente con empresas reguladas, pero estas reuniones no están formalizadas ni planeadas. Adicionalmente, la coordinación con las entidades públicas con responsabilidades compartidas es limitada, reactiva y se realiza caso por caso.

La transparencia y la rendición de cuentas son fuertes herramientas para garantizar la confianza. La ARTF cumple con las obligaciones legales, pero existe una necesidad de incrementar acciones en estos asuntos.

Recuadro 1.3. Evitar la influencia indebida y mantener la confianza: ejemplos de algunos países

Expectativas del gobierno y respuestas de los reguladores en Australia

La Declaración de expectativas (*Statement of Expectations*, SoE) del Gobierno Australiano describe sus expectativas sobre la función y las responsabilidades de la Comisión Australiana de la Competencia y del Consumidor (ACCC), así como su relación con el gobierno, temas de transparencia y rendición de cuentas y asuntos operativos. Esto es parte de los esfuerzos para la buena gobernanza corporativa de las agencias y para reducir cargas regulatorias en los negocios y la comunidad. La SoE establece que la ACCC debe actuar de manera independiente y objetiva en el desempeño de sus funciones y en el ejercicio de sus facultades. La ACCC, a su vez, proporciona una Declaración de Intención (*Statement of Intent,* SoI) que especifica cómo propone cumplir estas expectativas.

El Regulador de energía australiano cuenta con una SoE similar con el Consejo de Energía del Consejo de Gobiernos Australianos (COAGEC). Esta SoE especifica las expectativas de cumplimiento con sus funciones e implementa un programa de trabajo que respalda los objetivos estipulados en la legislación de energía nacional. La SoE establece su programa de trabajo para regular las redes y los mercados de energía y los puntos de referencia que medirán su desempeño; también establece cómo pretende lograr los principios de rendición de cuentas y transparencia, regulación eficiente y participación efectiva con los actores interesados y los otros mercados de energía.

Diálogo regular con operadores y consumidores en Italia

Desde 2015, la AEEGSI cuenta con un Observatorio Permanente de la Regulación de Energía, Agua y Climatización urbana para facilitar un diálogo continuo con representantes de las asociaciones nacionales y realizar informes sobre las actividades de la AEEGSI, dentro de un proceso de desarrollo más amplio con el objetivo de mejorar la rendición de cuentas de la AEEGSI.

Las funciones del Observatorio son principalmente:

- Incrementar la participación de los actores interesados en los procesos de toma de decisiones, con preocupación particular a la regulación del mercado y la infraestructura y a la protección de los consumidores;
- Facilitar la adquisición de datos e información que pueda contribuir a la preparación de la RIA, así como para la evaluación *ex post* de políticas y de las decisiones implementadas del regulador;
- Promover la preparación de los documentos de consulta sobre asuntos incluidos en las responsabilidades del regulador;
- Obtener de los representantes de grupos de consumidores, usuarios y clientes finales, sugerencias para evaluar los resultados reales de la implementación de los compromisos de las entidades reguladas.

Fuente: (OECD, 2016[5]), Being an Independent Regulator, The Governance of Regulators [ser un regulador independiente, la gobernanza de los reguladores]. http://dx.doi.org/10.1787/9789264255401-en.

---

10. *Toma de decisiones y estructura del órgano rector para reguladores independientes: el director de la ARTF es un miembro único elegido libremente y destituido por el Presidente de México, lo que significa que no existe un periodo definido para el puesto. El modelo de miembro único posee más riesgos de captura y carece de un sistema interno de controles y equilibrios en los procesos de toma de decisiones.*

El decreto de creación de la ARTF la definió como un organismo desconcentrado con capacidad técnica, operativa y administrativa.[3] Sin embargo, el riesgo de decisiones sesgadas es alto debido a la falta de condiciones que permitan una verdadera independencia, por ejemplo, la inexistencia de periodos de designación fijos y los criterios de destitución. De hecho, la Secretaría de Comunicaciones y Transportes asigna y destituye directamente al director de la ARTF.

Por otra parte, las regulaciones no establecen el requisito de un concurso público para el nombramiento de la dirección de la ARTF ni el establecimiento de las competencias necesarias. Esta situación puede conducir a una influencia política no deseada y a perfiles inadecuados en la posición. Véase el Recuadro 1.4 para ver los ejemplos de países de un organismo tomador de decisiones de un regulador económico.

Recuadro 1.4. Estructura del organismo tomador de decisiones y gubernamental para reguladores económicos: ejemplos de países

Instituto Federal de Telecomunicaciones (IFT) de México

El Instituto Federal de Telecomunicaciones tiene un consejo de siete comisionados, el Presidente y seis miembros. El IFT debe seguir un proceso definido por la constitución para nombrar los comisionados. Primero, los candidatos deben demostrar su experiencia y capacitación técnica relevante para el sector. La solicitud de los candidatos es analizada por un Comité Evaluador, el cual lo conforman los directores del Banco Central de México, el Instituto Nacional para la Evaluación de la Educación y el Instituto Nacional de Estadística y Geografía, que son organismos autónomos del gobierno de México.

Posteriormente, el Comité realiza un examen técnico que es preparado por lo menos por dos universidades. El Comité propone entre 3 y 5 candidatos al Presidente de la República. El Presidente nomina uno de los candidatos al Senado, y debe ser avalado por al menos dos tercios. Si el Senado no aprueba al candidato, el Presidente debe seleccionar otro de la propuesta del Comité y repetir el proceso. El proceso se repetiría hasta que un candidato sea aprobado o hasta que solo quede un candidato.

De acuerdo con la Constitución, la asignación del IFT es por un periodo fijo y la destitución de los comisionados es solo bajo situaciones específicas. Por consiguiente, el Presidente de México o el Congreso no puede destituir directamente a los miembros del consejo.

El proceso del nombramiento del ITF y la Comisión de Competencia de México (ambas modificadas a través de la reforma constitucional de competencia de México) es una de las prácticas más sólidas a través de los países de la OCDE ya que utiliza un proceso de contratación pública basado en la experiencia y la educación.

Comisión de Regulación de Energía (CRE) de Francia

El código de energía francés establece que el Consejo de Comisionados de la Comisión de Regulación de Energía incluye seis miembros, respetando la paridad entre hombres y mujeres. El Presidente del Consejo es denominado por un decreto del Presidente de la República con la propuesta del Primer Ministro, tras audiencias públicas y una opinión formal sobre el nominado expresada por los comités

---

parlamentarios relevantes. Tres miembros del Consejo también se nombran por un decreto del Presidente de la República, uno de ellos con la propuesta del Ministro a cargo de los Territorios extranjeros franceses basándose en el conocimiento y la experiencia de la persona de áreas no interconectadas. Los Presidentes de la Asamblea Nacional y el Senado señalan dos miembros adicionales del Consejo cada uno (uno basándose en el conocimiento y las calificaciones de la persona en el campo de protección de datos y el otro en el campo de los servicios de energía locales).

Autoridad Reguladora de Electricidad, Gas y Agua de Italia

La Autoridad Reguladora de Electricidad, Gas y Agua de Italia se estableció en 1995 por medio de una Ley, la cual define el sistema de gobernanza de la Autoridad, incluyendo la estructura del Consejo, el mecanismo de designación y los requisitos que deben de cumplir los miembros. El Consejo de la Autoridad está constituido por cinco comisionados: el Presidente y cuatro miembros.

Todos los comisionados son nombrados por medio de un decreto del Presidente de la República tras la nominación del Consejo de Ministros basándose en una propuesta del Ministro de Desarrollo Económico. Las nominaciones se presentan a los comités parlamentarios relevantes para escrutinio y el nombramiento se basa en un voto por mayoría de dos tercios. En 2011, tras una revisión del gasto que incluyó a todo el sector público, el número de miembros del Consejo se redujo de cinco a tres.

El Primer Ministro nomina a un Presidente, en acuerdo con el Ministro de Comunicaciones. El nominado se somete a la opinión vinculante de los comités parlamentarios relevantes del Senado y la Cámara de Diputados, que pueden celebrar audiencias del nominado. Tras una opinión favorable de dos tercios de los miembros de cada comité parlamentario relevante, el Presidente es señalado por un decreto del Presidente de la República Italiana. En 2011 el número de miembros del Consejo se redujo de 9 a 5.

Fuente: (OECD, 2018[6]), Driving Performance at Ireland's Commission for Regulation of Utilities, The Governance of Regulators [impulsando el desempeño de la Comisión para la Regulación de Servicios Públicos de Irlanda, gobernanza de los reguladores]. http://dx.doi.org/10.1787/9789264190061-en; Ley Federal de Telecomunicaciones y Radiodifusión.

11. *Rendición de cuentas y transparencia: la ARFT publica con regularidad información sobre seguridad y otros indicadores en el sector ferroviario; sin embargo, el alcance de esta información es limitado. Además, la agencia no es responsable ante el Congreso, ni tampoco tiene prácticas para promover la rendición de cuentas a otros actores interesados además de la SCT y la SHCP.*

La ARTF publica información estadística trimestral sobre carga, tarifas, locomotoras, carros, equipo, líneas, etc. en el portal web (www.gob.mx/artf). Además, desde el 2016, la agencia produce informes trimestrales de seguridad, los cuales no existían anteriormente. Los informes de seguridad incluyen información pública y transparente relativa a accidentes, robos y vandalismo en el Sistema Ferroviario Nacional Mexicano. Además, la ARTF produce un informe anual con sus principales actividades, dos nuevos indicadores del informe son parte de los Indicadores Estratégicos del INEGI.

Actualmente, la ARTF debe de rendir cuentas de acuerdo con los requisitos de las leyes aplicables. Esto incluye obligaciones para proporcionar información en su sitio web sobre salarios y otra información organizacional. También es responsable ante la SCT y la SHCP, pero no ante el Congreso. No obstante, la ARTF puede incrementar el nivel y el alcance de conceptos sobre los cuales será responsable. Por ejemplo, aún no se han establecido los indicadores de desempeño ni objetivos y metas claras. Véase el Recuadro 1.5 para el ejemplo de un país respecto a prácticas de rendición de cuentas y transparencia.

12. *Participación de los actores interesados: la ARTF no cuenta con canales de comunicación apropiados con los actores interesados, ya que no existe una agenda elaborada con anticipación. Además de esto, las reuniones actuales se distribuyen durante el año sin registros públicos. La ARTF por otra parte, sigue un fuerte proceso de consulta para los anteproyectos de ley.*

La ARTF realiza reuniones frecuentes con actores interesados como empresas reguladas y entidades públicas. La mayor parte del tiempo, las sesiones se llevan a cabo cuando los actores interesados las solicitan o cuando la ARTF reacciona a circunstancias específicas. Además de ello, el proceso de seguimiento carece de registros adecuados. Véase el Recuadro 1.6 para consultar el ejemplo de un país con respecto a la participación de los actores interesados.

La coordinación entre la ARTF y las entidades públicas es escasa y depende de cada caso. Por ejemplo, la comunicación con la COFECE no es recurrente ni se basa en la prevención.

Los principales puntos de contacto entre la ARTF y sus actores interesados son las reuniones programadas y el proceso de consulta durante los anteproyectos de regulaciones, que gestiona la CONAMER. Sin embargo, esta participación es limitada debido a las restricciones que encara la ARTF para promulgar regulaciones debido a la regla *una entrada, una salida*.

Recuadro 1.6. Participación de las partes interesadas: estrategia corporativa y programa de trabajo proyectado anual de la OFGEM en el Reino Unido

La Oficina de Mercados de Gas y Electricidad del Reino Unido ha desarrollado una estrategia corporativa que establece, entre otras cosas, la misión, los resultados, los enfoques regulatorios y las actividades prioritarias de la OFGEM. La OFGEM también ha publicado por separado estrategias regulatorias publicadas que son los principios para la formulación de políticas. Estas posturas regulatorias son:

- Promover la competencia efectiva para cumplir con los consumidores.
- Sacar provecho de las actividades de monopolio a través de regulaciones en materia de competencia e incentivos.
- Respaldar la innovación en las tecnologías, los sistemas y los modelos de negocio.
- Gestionar el riesgo para energía eficiente y sustentable.
- Proteger los intereses de los consumidores en situaciones vulnerables.

La OFGEM establece un programa de trabajo proyectado anual para establecer su estrategia corporativa. Inicialmente publica un borrador del programa de trabajo proyectado y posteriormente busca aportaciones que se toman en cuenta para finalizar el programa de trabajo proyectado. Por ejemplo, el borrador del Programa de Trabajo Proyectado para 2017-18 se publicó para consulta en diciembre de 2016 por un periodo de 3 meses para aportaciones. La versión final se publicó en marzo de 2017.

El borrador del programa de trabajo proyectado para 2017-18 establece iniciativas clave en las cuales se identificaron partes específicas de trabajo que la OFGEM consideró que producirían el beneficio más grande para los consumidores debido a sus recursos. Las iniciativas presentadas fueron las siguientes:

- Permitir un mejor funcionamiento del mercado minorista;
- Facilitar la transición de energética;
- Aprender del primer marco de RIIO* y establecer el RIIO-2 considerado para el éxito;
- Introducir competencia en áreas de monopolio;
- Ser una fuente de autoridad para el análisis de calidad.

El programa de trabajo proyectado también establece el presupuesto de la OFGEM para el periodo e incluye indicadores regulatorios *e-serve* y los informes para cada uno de los documentos bajo las iniciativas.

* Ingresos= Incentivos + Innovación + Rendimiento.
Fuente: (OECD, 2018[6]), Driving Performance at Ireland's Commission for Regulation of Utilities, Paris, http://dx.doi.org/10.1787/9789264190061-en.

13. *Financiamiento: la ARTF tiene limitaciones para obtener el financiamiento necesario para lograr los objetivos y las funciones establecidas en el marco legal.*

La ARTF analiza su presupuesto de forma interna y después negocia con la SCT la cantidad de recursos para el siguiente año fiscal. Sin embargo, la SCT puede limitar el presupuesto ya que es la institución final responsable del sector. Después de dos años de la existencia de la ARTF, es importante analizar las verdaderas necesidades de recursos financieros y de personal con el fin de lograr los objetivos de la agencia.

La agencia todavía debe incorporar el personal apropiado en número suficiente para realizar las tareas relacionadas con su organización y atribuciones. El personal del regulador debe alinearse en número y perfiles con los objetivos y metas del regulador. Además, es importante que el regulador desarrolle la capacidad de gestionar los recursos humanos de manera autónoma y efectiva.

El presupuesto de la ARTF puede depender de los recursos financieros de la SCT. Una fuente directa de financiamiento puede ayudar a asegurar la independencia financiera. Por ejemplo, la ARTF puede obtener y administrar completamente los recursos derivados de las multas y las cuotas de licencias establecidas en las concesiones; la cuota actual es 2% de los ingresos anuales y va directamente a la SHCP. Véase el Recuadro 1.7 para ver un ejemplo de arreglos de financiamiento del Reino Unido.

Recuadro 1.7. Financiamiento en la Oficina de Trenes y Carreteras del Reino Unido

La Oficina de Trenes y Carreteras puede trabajar con más autonomía del gobierno central ya que sus actividades son financiadas por la industria ferroviaria y el Departamento de Transporte. Del lado ferroviario, recibe su financiamiento de la industria ferroviaria (a través de las cuotas de licencia y los gravámenes en seguridad). Del lado de las actividades en carretera, recibe un subsidio directo del Departamento de Transporte. El financiamiento para la regulación económica proviene de los derechos de licencia de la Red Ferroviaria. También recupera costos de su trabajo relacionado a otras redes ajenas a la Red Ferroviaria. Las actividades de salud y seguridad son financiadas a través de un gravamen de seguridad, que se basa en el volumen de facturación de cada proveedor del servicio ferroviario.

Tabla 1.2. Esquema de gravámenes en salud y seguridad ferroviaria

Volumen de facturación de la compañía	Gravamen de seguridad ferroviaria
<GBP 1 millón	GBP 0
GBP 1 – 5 millones	GBP 1 000
GBP 5 10 millones	GBP 5 000
Más de GBP 10 millones	Distribuido de acuerdo con el volumen de ventas relevante. Como una guía para propósitos presupuestarios, los pagos de los gravámenes en el pasado habían sido alrededor de 0.1% del volumen de ventas de facturación relevante notificado

Para el periodo de 2018-19, la ORR recibió GBP 30.3m de la industria ferroviaria que representó alrededor de 93% de su ingreso total:

- 51% correspondiente a la regulación de salud y seguridad
- 42% a la regulación económica
- 7% correspondió al financiamiento directo del Departamento de Transporte.

> **Figura 1.1. Ingreso total de las funciones ferroviarias y en carretera de la ORR**
>
> 2018-19
>
> 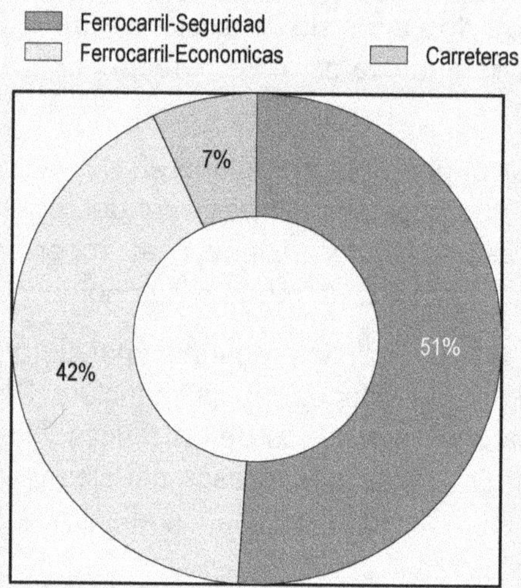
>
>
> Un elemento por destacar en este esquema es que, no existe potencial de subsidios cruzados entre estas tres vías de financiamiento.
>
> La mayoría de su gasto radica en los costos del personal y los gastos generales que son necesarios para que realicen su trabajo, como mantenimiento de los edificios y TI.
>
> Para noviembre de 2018, la ORR tuvo 316 empleados y el gasto en los costos del personal fue de GBP 19.8m (GBP 1.8 m por mes aproximadamente); esto representa alrededor del 65% del presupuesto anual.
>
> Incluso cuando el presupuesto de la ORR ha sido decidido por el poder ejecutivo o aprobado por el Parlamento, para garantizar la transparencia de la administración presupuestaria, la ORR lo envía al Parlamento y publica en el sitio web un informe anual con indicadores financieros detallados.
>
> De acuerdo con un documento publicado en el 2018 por *Oxford Economics* sobre la contribución económica de los ferrocarriles en el Reino Unido, la contribución directa e indirecta de las actividades relacionadas a los ferrocarriles asciende hasta GBP 36.4bn (miles de millones) en términos de contribución al PIB, y genera alrededor de 600 000 empleos. Esto representa alrededor de 2% de PIB.
>
> Fuente: (ORR, 2018[8]), Business Plan 2018-19, UK Government, London. https://orr.gov.uk/__data/assets/pdf_file/0006/27465/orr-business-plan-2018-19.pdf (acceso el 2 de marzo de 2019); y (Godden, 2018[9]), The Economic Contribution of UK Rail 2018, Oxford Economics, London. https://www.oxfordeconomics.com/recent-releases/06ec32db-6550-44ed-ac64-6502b9530867 (acceso el 2 de marzo de 2019).

14. *Evaluación de desempeño: la ARTF no cuenta con una evaluación o indicadores de desempeño (internos y/o externos) que ayuden en la toma de decisiones en el proceso regulatorio.*

En la actualidad, la ARTF no cuenta con los mecanismos para evaluar su propio desempeño y el del propio sector. Sin embargo, la agencia tiene el objetivo de implementar los Indicadores del Sistema Nacional de Indicadores Ferroviarios, los cuales publicarán información sobre el sistema ferroviario mexicano para el cual todavía no existe información adicional. Al momento de la elaboración de este informe, la ARTF notificó que estaba elaborando 12 indicadores, que planea poner para consulta pública.

Los indicadores que evalúan el desempeño de la industria pueden desarrollarse basándose en el análisis de los datos recolectados. Esta información garantizaría que todas las compañías ferroviarias tengan acceso a los indicadores relevantes, lo que puede contribuir a mejorar el cumplimiento y el desempeño de todo el sector.

Para los reguladores, los indicadores de desempeño necesitan ajustarse al propósito de la evaluación, que es una evaluación sistemática y analítica de las actividades del regulador con el objetivo de buscar confiabilidad y utilidad de las actividades del regulador. El desarrollo de estos indicadores puede ayudar a identificar áreas problemáticas, dar orientación a las decisiones, monitorear el progreso e identificar prioridades. El desempeño organizacional y financiero así como la existencia y el uso de efectivo de herramientas son aspectos importantes que deben medirse.

Recuadro 1.8. Indicadores de desempeño y marco de evaluación de la autoridad reguladora italiana para la Energía Eléctrica, el Gas y el Sistema Hídrico

La Autoridad Reguladora para la Energía Eléctrica, el Gas y el Sistema Hídrico (AEEGSI) de Italia monitorea, tanto la calidad del servicio (resultados), como la eficiencia y efectividad del proceso regulatorio (insumos y productos). El objetivo es mejorar el desempeño del regulador y la calidad de los servicios proporcionados a los consumidores.

Resultados

La AEEGSI define los indicadores de resultados para diseñar una regulación basada en los incentivos y monitorear la evolución de los sectores regulados. Por ejemplo, la AEEGSI ha sido capaz de incrementar progresivamente la calidad del suministro a través de incentivos y multas pagadas a y por distribuidores midiendo la duración promedio de las interrupciones del suministro de electricidad.

La AEEGSI realiza una revisión individual para monitorear la evolución de los mercados minoristas de energía y eventualmente ajusta las disposiciones regulatorias para fomentar la competencia e incrementar la protección al consumidor. La revisión anual utiliza, por ejemplo, el índice HHI (índice Herfindahl-Hirschman) para medir:

- la competencia
- la proporción entre las quejas y los clientes servidos para capturar la calidad de la interacción con los proveedores de energía
- la participación de los consumidores que cambian de proveedor (es decir tasa de cambio) para rastrear la madurez del sector (percepción y confianza de los consumidores, proactividad de los proveedores y el ambiente regulatorio).

Al asignar un costo estándar por unidad de energía no suministrada, también es posible evaluar el impacto directo sobre los usuarios finales a través de un análisis costo-beneficio del lado del consumidor, considerando los incentivos pagados a los distribuidores y las interrupciones evitadas.

Insumos y productos

La AEEGSI vincula el proceso de planeación Estratégico y Operativo con sus objetivos, que se evalúan en términos de insumos y productos. Para cada objetivo, los insumos se determinan principalmente por los costos de la fuerza laboral empleada. Sobre una base anual, cada Departamento define las horas laborales y los costos anuales relativos que un objetivo ha requerido para cumplirse.

Durante el proceso de reglamentación, cada producto puede considerarse un resultado que se asocia a un objetivo. Con el fin de distinguir las contribuciones de diferentes unidades, los procesos de producción se han desglosado y también se han considerado los productos intermedios, siempre y cuando pudieran identificarse como productos finales de fases específicas de un proceso o subprocesos.

Considerando la peculiaridad de la regulación y los sectores regulados con una rápida evolución, una estimación cuantitativa del producto se ha centrado en la complejidad inherente a su realización. Esta característica se analiza sumando los indicadores por asignarse en un sistema de información de TI dedicado, relacionado a cuatro parámetros:

- Resolución de problemas: se mide con referencia a las habilidades profesionales necesarias, la discreción aplicada a la resolución del caso, así como la característica ordinaria o innovadora del caso en cuestión.

- Esfuerzo: la intensidad del compromiso sostenido para llevar el producto a buen término, como la dimensión cuantitativa de las actividades por realizarse, la severidad del procedimiento interno aproximado y la intensidad de las interacciones con otros actores interesados.

- Coordinación entre unidades: la necesidad de hacer uso de la contribución de otras unidades organizacionales y a partir de las cuales es posible inferir una relación cliente-proveedor.

- Reducción del tiempo: la necesidad de lograr el producto en un tiempo más corto debido a causas exógenas o imprevistas, como la necesidad de modificar la actual planeación de las actividades.

- La evaluación del desempeño se realiza analizando, para cada objetivo, la evolución de los indicadores de insumos y productos a través del periodo regulatorio considerado en los Planes estratégicos y operativos y sus correlaciones para evaluar la eficiencia global e identificar las mejorías potenciales.

Fuente: (OECD, 2018[6]), Driving Performance at Ireland's Commission for Regulation of Utilities, Paris, http://dx.doi.org/10.1787/9789264190061-en.

Recomendaciones relacionadas con la regulación ferroviaria

- La ARTF debe evaluar si la introducción de derechos de paso adicionales a los tipos estipulados en los acuerdos de la concesión podría desbloquear ganancias significativas en la eficiencia a través de toda la red y la competitividad para la industria mexicana sin socavar la sustentabilidad de los servicios ferroviarios ya proveídos por las concesiones. Un buen modelo de red sería extremadamente útil para realizar estas valoraciones y evaluaciones.

- La ARTF también debe investigar los requisitos de notificación con respecto a la ubicación de los vagones, debido a que el mal servicio en la devolución de los vagones propiedad de terceros puede utilizarse fácilmente como una barrera diferente a las tarifas para la competencia. Railinc ya rastrea los vagones en el servicio internacional, por lo tanto la extensión al tráfico doméstico no podría ser demasiado desafiante. La ARTF debe revisar también las disposiciones existentes para los cargos por el movimiento de vagones vacíos. Tanto los titulares de concesión como los terceros ven dificultades en la situación actual.

- La primera prioridad de la ARTF para desarrollar la capacidad para volver operativas las disposiciones en la ley en relación con la conectividad y competencia es establecer la base para la regulación de tarifas, cuando sea necesario, tanto para los transportistas cautivos como en los casos donde se falla en llegar a un acuerdo en los derechos de uso de vías y arrastre obligatorios. Dichos cargos necesitarán cubrir los costos marginales, como se estipula en la Ley. Para transportistas cautivos, se necesitará establecer una guía para identificar los precios abusivos.

Podría seguirse la metodología de la US STB, pero su enfoque se ha criticado por ser demasiado complejo y oneroso para usarse así como por no apoyarse en bases económicas sólidas (Pittman, 2010[10]), (TRB, 2015[11]). Se han propuesto alternativas en los Estados Unidos, incluyendo análisis econométricos de embarques comparables en condiciones más competitivas, valores máximos específicos para bienes de consumo en los márgenes de utilidad en el costeo variable y *regulación sobre tasas de rendimiento* específicas del lugar, pero estas tienen sus propios inconvenientes y no se han usado todavía en la práctica.

- La ARTF tendrá que desarrollar una metodología propia para definir las tarifas máximas, que permitan una contribución razonable a los costos fijos del ferrocarril informados por la teoría de precios de Ramsey-Boiteux. La metodología adoptada también debería tener por objeto, en la medida de lo posible, reducir al mínimo las demandas de modelización y la necesidad de una costosa consultoría para establecer si se cumplen los umbrales fijados. No existen métodos para proporcionar umbrales teóricamente perfectos para la fijación de precios "abusivos" o tarifas reguladas "justas" - se trata de conceptos políticos y filosóficos más que científicos y económicos. Se debe confiar en la experiencia de la ARTF para establecer valores viables tras consultar tanto a los transportistas como a los titulares de las concesiones. Las consultas deben ir más allá de una solicitud de opiniones sobre los anteproyectos de leyes e incluir una discusión exhaustiva, pero no prolongada. Se necesita urgentemente un procedimiento operativo, y en esto, como en tantos contextos, lo mejor puede ser enemigo de lo bueno.

- La ARTF también debe examinar la disponibilidad de los servicios interlínea y desarrollar procedimientos para establecer tarifas reguladas donde las concesiones fallen en ofrecer servicios. Puede ser suficiente interpretar que una falla para ofrecer una tarifa para un servicio interlínea es equivalente a establecer una tarifa abusiva. Los transportistas naturalmente dudan en realizar quejas contra las ferroviarias de las cuales dependen para transportar servicios, en México y en cualquier otra parte de Norteamérica, por lo cual la ARTF necesitará tomar iniciativas para monitorear la operación del mercado.

  Se debe tener en mente que en general el desempeño de las concesiones y el sistema establecido en 1995 ha sido excepcional. El objeto de intervención de la ARTF no es anular el sistema, sino identificar las áreas de oportunidad que ciertamente existen para desarrollar mercados ferroviarios. Los servicios interlínea pueden presentar más oportunidades de ganancia a corto plazo que los derechos de uso de vías adicionales, con un daño mínimo a los mercados existentes de los titulares de concesiones.

- La SCT y el gobierno deben comenzar a trabajar más ampliamente en su visión del sistema ferroviario después de 2027 sin retraso alguno, ya que el ciclo de inversión de las ferroviarias es mucho mayor a 9 años. Se debe buscar la opinión de los expertos de la ARTF a este respecto.

  Un sistema eficiente debería seguir organizándose en torno a concesiones exclusivas, pero algunas partes del mercado podrían ser adecuadas para un mayor uso de los derechos de paso más amplios. Al igual que en los Estados Unidos, el sistema eventual tendría que basarse en un equilibrio sostenible entre la exclusividad y la competencia intramodal e intermodal. El modelo de ferrocarriles totalmente comerciales es la opción más eficaz y sostenible desde el punto de vista financiero para ferrocarriles esencialmente de carga como los de América del Norte. El marco establecido en México ha demostrado ser exitoso y duradero, y una política de mejora incremental en lugar de un cambio radical es más adecuada.

  Véase el Recuadro 1.9 para las Actividades realizadas para mejorar el desempeño del sistema ferroviario por la administración de la ARTF de 2018-2024.

> ## Recuadro 1.9. Actividades realizadas para mejorar el desempeño del sistema ferroviario por la administración de la ARTF 2018-2024
>
> ### Restructuración de las Licencias Federales Ferroviarias (LFF)
>
> Tomando en cuenta los proyectos de transporte público para pasajeros que en la actualidad se están desarrollando en el país, la ARTF debe prestar atención especial a la regulación técnica, operativa y regulatoria en el transporte ferroviario de carga y en el transporte público de pasajeros.
>
> Con el fin de mejorar la seguridad en la operación de la prestación de servicios públicos de transporte de mercancías, pasajeros y/o mixtos, la Agencia está evaluando la reestructuración de las categorías que existen actualmente para la emisión de LFF, teniendo en cuenta la delimitación entre las funciones que desempeña el personal que participa en la operación de transporte ferroviario de mercancías y pasajeros, así como el personal que participa en el mantenimiento y conservación de las vías generales de comunicación, considerando que estas actividades podrían intervenir en la operación de los servicios que se prestan en ellas.
>
> Derivado de lo anterior, la Agencia ha buscado el intercambio de información con compañías dedicadas a la capacitación, como es el caso del Centro de Formación Ferroviaria Adofer, S.A. de CV, que realizó un estudio de las "Licencias ferroviarias en México, Europa y América" con el objetivo de publicar un resumen del otorgamiento de diversas licencias ferroviarias existentes en México, Europa y América, identificar los requisitos necesarios para la emisión, las regulaciones aplicables y realizar una comparación de ellas. Asimismo, identifica dichas licencias que no se encuentran en el sistema ferroviario mexicano y que se pueden utilizar de acuerdo con la naturaleza de las funciones de los puestos existentes en el país.
>
> La ARTF, con el fin de realizar la restructuración de las LFF, debe considerar los desarrollos tecnológicos, los estudios y la investigación de vanguardia a nivel mundial relacionada al transporte de carga y de pasajeros, que podrían implementarse, para la actualización de las categorías de las LFF.
>
> Del mismo modo, la ARTF busca llevar a cabo grupos de trabajo con los concesionarios y asignados del Sistema Ferroviario Nacional para evaluar y acordar la actualización de las categorías existentes de la LFF, considerando al personal involucrado en la operación del equipo ferroviario y a aquel que participa en las actividades de mantenimiento, con el objetivo de mejorar la seguridad en la operación ferroviaria.
>
> ### Acuerdo de colaboración entre la ARTF y la Universidad Nacional Autónoma de México (UNAM)
>
> Permitirá a la Agencia, a través de la UNAM, llevar a cabo estudios de ingeniería vial, considerando el índice de peligro de los cruces de ferrocarril, evaluar el impacto actual que tienen en el tránsito vehicular y proponer soluciones para mejorar la movilidad y la seguridad de los cruces mencionados; estudios que proporcionarán a la Agencia una herramienta de planeación y toma de decisiones, que permitirá identificar las acciones que se realizarán en cada uno de los cruces que se estudian en las áreas urbanas de los centros de población, aplicando las regulaciones actuales como las regulaciones técnicas NOM-050-SCT2-2017, "Disposición para la señalización de cruces a nivel de caminos y calles con vías férreas" y la NOM-034-SCT2-2011, "Señalamiento horizontal y vertical de carreteras y vialidades urbanas".
>
> En este contexto, se promueve la integración de comités de seguridad en los estados federales de México con la más alta incidencia: Coahuila, Durango, Estado de México, Michoacán, Nuevo León, Veracruz, con el fin de monitorear la operación de los cruces que se identifican como susceptibles si se ven financiados por el Fondo Nacional de Seguridad para Cruces Viales Ferroviarios.

- La Agencia debe establecer un sistema de planeación anticipada en el que se identifiquen todas las necesidades para emitir o actualizar los instrumentos regulatorios, en un horizonte de seis meses a un año, como ahora se indica en la nueva Ley General de Mejora Regulatoria. Esta planeación debe incluir tanto regulación técnica, como todos los otros instrumentos legales, por ejemplo, estatutos (*reglamentos),* manuales, y guías. Esta planeación puede identificar efectivamente los esfuerzos anticipados y puede ayudar a determinar los recursos necesarios para mantener el marco regulatorio actualizado, incluyendo la necesidad de eliminación de regulaciones para cumplir con la regla *una entrada, una salida.*
- Una forma de cumplir con la regla de *una entrada, una salida* es sacar ventaja de la regulación superflua de la SCT para compensar los costos regulatorios que la regulación potencial de la ARTF pudiera generar. Así, en la situación actual, es importante desarrollar un plan estratégico conjunto entre la SCT-ARTF para la emisión de la regulación. La participación de las partes puede facilitar los esfuerzos de coordinación para la introducción de nuevas regulaciones de la ARTF.
- Adicionalmente, la ARTF y la SCT pueden buscar lograr un acuerdo con la CONAMER para buscar una moratoria o una excepción a la regla de *una entrada, una salida* para emitir la regulación más urgente o aquella con el impacto más significativo para el desempeño del sector ferroviario.
- La SCT, SHCP, SFP y la Agencia deben coordinarse para completar sin más retraso la transferencia del personal a la agencia de acuerdo con los planes originales.
- Además de la transferencia de los funcionarios pendientes, es importante realizar un análisis sobre los recursos humanos mínimos y los perfiles técnicos que la ARTF necesita para realizar sus obligaciones.
- Junto con el personal acordado por reubicarse, también es necesario terminar la transferencia de información de la DGDFM a la ARTF para que la agencia pueda desempeñarse de acuerdo con los objetivos.
- La ARTF y la SCT deben trabajar en conjunto para acordar y preparar las reformas necesarias al marco legal para incluir la ARTF en el proceso de evaluar y otorgar concesiones. La ARTF podría proporcionar opiniones técnicas no vinculantes sobre asuntos regulatorios. Además de fortalecer los aspectos técnicos y regulatorios de la concesión, esta disposición puede ayudar a profundizar la coordinación entre la agencia y la ARTF después de que se otorgue la concesión, a favor de un mejor desempeño regulatorio de ambas partes.

Recomendaciones sobre gobernanza

- El marco regulatorio que define el papel y las funciones de la ARTF debe revisarse para procurar una reforma que se enfoque en las funciones regulatorias de la Agencia y le asigne las obligaciones de promoción a la DGDFM. A corto plazo, la ARTF debe crear un documento estratégico para definir sus prioridades entre las obligaciones regulatorias y de promoción actuales.
- Se debe realizar una evaluación de las obligaciones de inspección de la ARTF con el propósito de definir las necesidades de recursos para cumplir de manera apropiada con su función. Se debe definir una estrategia a corto y largo plazo para cumplir con estas obligaciones, considerando los acuerdos de cooperación formales con los centros de la SCT mientras que la ARTF adquiere sus

propias capacidades. Véase el Recuadro 1.10 para una breve descripción de las actividades realizadas por la administración de 2018-2024 de la ARTF para mejorar el desempeño de las obligaciones de inspección de la Agencia.

Recuadro 1.10. Actividades realizadas para mejorar el desempeño de las inspecciones por la administración de la ARTF de 2018-2024

- **Actualizar áreas específicas de la ARTF a través de la capacitación**: el modelo incluye una mejora continua de las inspecciones y supervisiones que se enfocan en cuatro elementos: infraestructura, operación, equipo y servicios auxiliares

- **Armonizar los criterios al realizar las inspecciones**: la armonización de los términos de requerimiento de inspecciones en las tres zonas de México (norte, centro, sur); la notificación a la ARTF del tipo de información solicitada por los Departamentos de Transporte Ferroviario a los concesionarios / asignados

- **Programa de verificación inteligente**. Los objetivos son:
  - Hacer un uso inteligente del valor máximo financiero, optimizando los recursos otorgados;
  - Programar y ejecutar verificaciones enfocándose en la calidad y no en la cantidad;
  - Contribuir con las tareas de seguridad de los concesionarios para volver el transporte ferroviario más eficiente; e
  - Incrementar la capacidad técnica de los inspectores a través de la capacitación continua

  El programa comprende cuatro etapas: planeación, ejecución, evaluación y seguimiento

- **Programa integral de inspecciones para 2019**: incluye a corto plazo la inspección del sistema completo de la red ferroviaria de concesiones y en el corto a mediano plazo las inspecciones de las líneas ferroviarias auxiliares sin uso. El programa se realizará a través de operaciones de verificación intensivas, en las que participarán el personal tanto de la ARTF como de los centros de la SCT. Las operaciones de verificación intensivas seguirán los siguientes criterios clave:
  - Seguridad ferroviaria;
  - Corredores estratégicos para el desarrollo de México;
  - Tasa de accidentes;
  - Corredores de alto riesgo (por ejemplo, hidrocarburos); y
  - Líneas ferroviarias potencialmente importantes sin uso.

- **Desarrollo del Proyecto de Módulo de Verificación del sistema automatizado**: permitirá al sistema institucional automatizado incorporar la información generada en los procesos de inspección de ferrocarriles en una plataforma de tecnología, lo que reducirá los criterios de percepción humana para estandarizar la consistencia de los datos, la reducción de tiempo, el blindaje de información generada y obtenida, con lo que de ese modo refuerza la seguridad y competitividad de este modo de transporte.

Fuente: Administración de la ARTF 2018-2024.

- Emitir las guías necesarias y otros instrumentos regulatorios para poner en vigor un sistema de sanciones efectivo.

- La ARTF debe considerar adoptar guías como parte de su marco regulatorio y establecer una estrategia para evitar la subjetividad en las decisiones y reducir el riesgo de captura regulatoria, que puede emerger de las agencias gubernamentales, entidades regulatorias y el público.

Esto podría incluir el establecimiento de canales de comunicación formales, ya que pueden proporcionar información relevante sobre la calidad del servicio ferroviario. Un método de participación claro y transparente y su monitoreo generan confianza en el regulador. Este proceso de participación puede incluir a otras instituciones como la COFECE y la CONAMER.

El refuerzo de la confianza puede fortalecerse con procesos formales y públicos para coordinarse con otras agencias públicas con responsabilidades compartidas. Por ejemplo, con la COFECE la Ley Reglamentaria del Servicio Ferroviario ordena la coordinación cuando existe sospecha de falta de competencia. De este modo, ambas instituciones deben establecer un proceso detallado que indique el tiempo y resoluciones de la solicitud de intervención.

- Es importante que la ARTF establezca una agenda anual planeada y pública con fechas y temas por cubrir con los actores interesados. Como se observará en el principio de participación de los actores interesados, esta agenda debe incluir la participación de los actores relevantes en el diseño de políticas públicas. El establecimiento de la agenda debe alinearse con los objetivos regulatorios de la ARTF.

- La Agencia debe considerar establecer prácticas sobre rendición de cuentas y transparencia que vayan más allá de sus obligaciones actuales que se derivan del marco nacional. Por ejemplo, la ARTF debe mejorar la cantidad y la calidad de información que publica en su portal web en formatos sencillos.

- La SCT y la Agencia deben considerar explorar modelos alternativos para el órgano rector de la ARTF. En este proceso, la SCT y la Agencia deben ponderar las ventajas de contar con un órgano rector con condiciones de igualdad de los ciclos políticos y las decisiones, que puede ayudar a la agencia a cumplir sus obligaciones regulatorias de una manera más efectiva.

- Con el fin de reforzar las prácticas de rendición de cuentas y transparencia, la ARTF debe fortalecer sus mecanismos de notificación considerando enviar informes anuales al Congreso como un elemento independiente de la notificación a la SCT. El mecanismo proactivo también podría adoptarse para enviar el informe a otros actores interesados y buscar su retroalimentación, como expertos de asociaciones en la industria y del sector.

  Para este propósito, la agencia debe evaluar el tipo de información que requiere para cumplir con sus objetivos, para ofrecer información estadística útil y relevante a sus actores interesados. Esto puede realizarse a través de una comparación internacional y grupos de enfoque con actores relevantes. En línea con lo anterior, otra fuente de rendición de cuentas y transparencia es la evaluación de los indicadores de desempeño, que se aborda a continuación.

- La ARTF cuenta con amplias oportunidades para mejorar sus prácticas para la participación de los actores interesados. Esto podría incluir establecer planes anuales que planteen reuniones regulares con los actores interesados, las disposiciones para registrar las reuniones, los mecanismos para dar seguimiento a los temas establecidos y la creación de canales de comunicación permanentes.

  Se debe considerar un énfasis especial para establecer actividades de comunicación formales y de participación con entidades como la COFECE y la CONAMER, con el fin de mantener un diálogo fluido. Esto podría ayudar a la ARTF a cumplir sus obligaciones regulatorias de manera más efectiva.

  Véase el Recuadro 1.11 para una descripción de las actividades realizadas para reforzar las actividades de participación de los actores interesados de la administración de la ARTF 2018-2024.

Recuadro 1.11. Actividades realizadas para fortalecer las prácticas de participación de los actores interesados por la administración de la ARTF 2018-2024

Rondas de Diálogo para identificar las mejorías al sistema ferroviario entre usuarios, concesionarios y la ARTF durante 2019

Las áreas de oportunidad para mejorar el sistema ferroviario mexicano se identificaron dividiéndolo en tres partes:

- Del usuario al concesionario y la Agencia;
- del concesionario al usuario y la Agencia; y
- de la Agencia al usuario y el concesionario.

Se han llevado a cabo dos reuniones con cada grupo, con el siguiente progreso:

- La ARTF trabajará con un intermediario y se generará un documento de convenio:
  - El análisis del tráfico donde existe una tasa de interlínea para permitir la continuidad y
  - los casos de derecho de uso de vías que no se están usando o donde su uso es perjudicial para la carga.
- Se identificará y promoverá la conversión de la carga del camión al ferrocarril:
  - Se realizará una estrategia conjunta con proveedores y asociaciones de usuarios,
  - Se buscará una política de tráfico intermodal, y
  - Se promoverá el cobro de una tasa máxima en los carros vacíos.
- Los usuarios notificarán el problema de inseguridad para añadirlos a la colaboración con la guardia nacional.

Como resultado de la ronda de diálogo, la ARTF:

- Publicará en su portal web
  - Buenas prácticas internacionales.
  - Derechos y obligaciones de usuarios, concesionarios y la ARTF y
  - Proyectos ferroviarios que afectan la eficiencia del sector, por ejemplo, movilidad, pasos a nivel, ramales en desuso, estudios para incrementar la capacidad ferroviaria.
- Programa de capacitación anual para el sector
- Incentivos con la Autoridad fiscal para los usuarios que invierten en la infraestructura ferroviaria
- Procedimiento de conciliación oficial y su documentación, de acuerdo con el Artículo 112 de la Regulación de Servicios Ferroviarios

Fuente: Administración de la ARTF 2018-2024.

- En términos de consulta en el anteproyecto de regulación, la ARTF debe considerar abordar prácticas de consulta temprana de manera más sistemática. Esto incluye participar con los actores interesados al principio de la identificación de un problema, antes de que se haya identificado claramente una solución y antes de que se haya redactado un anteproyecto de instrumento legal.

- La SCT, la SHCP y la ARTF deben revisar los requisitos de financiamiento de la agencia para definir el presupuesto que la agencia necesita para cumplir sus obligaciones de manera efectiva.

  En esta revisión, se debe prestar consideración a implementar las reformas necesarias para permitir a la ARTF proponer su presupuesto de manera autónoma y negociarlo directamente con la SHCP, y ejercer este presupuesto de manera independiente.

  Adicionalmente, estas reformas deben considerar incluir disposiciones para dar una parte de la cuota actualmente cargada a las entidades reguladas directamente a la ARTF.

- La ARTF debe desarrollar un sistema de indicadores en línea con sus principales funciones, que permita la evaluación de sus objetivos de política pública en diferentes periodos. Algunos indicadores deben ser de naturaleza a largo plazo sobre el impacto potencial de la política regulatoria (p. ej., número de accidentes/distancia; estabilidad de la tarifa de carga, etc.); sin embargo, es importante mencionar que estos son indicadores multidimensionales y su evolución no queda por completo bajo el control de la ARTF. Estos objetivos deben utilizarse como una base para diseñar y evaluar la política pública.

  Los indicadores deben incluir otras clases de métricas como indicadores administrativos o gerenciales, incluyendo número de inspecciones, asignación presupuestaria, número de multas impuestas, etc. Aunque estos parámetros son relevantes, es importante tener en mente que no reflejan la efectividad o el éxito de la política pública.

Notas

[1] Véase la Tabla 3.4. para la lista de derechos de uso de vía y arrastre obligatorios incluidos en los títulos de concesión en México.

[2] Los más significativos de estos derechos de uso de vías obligatorios estancados fueron para Kansas City Southern México (KCSM) para utilizar la vía de la compañía Ferrocarriles mexicanos (Ferromex). Las negociaciones sobre la implementación de estos derechos se prolongaron por varios años y resultaron sin resolución hasta la adquisición de Ferrosur de Grupo México, propietario de Ferromex.

[3] Un organismo desconcentrado en la ley Mexicana es con frecuencia una agencia en igualdad de condiciones a una secretaría, con diferentes grados de autonomía.

Referencias

COFECE (2016), *Reporte Preliminar sobre Competencia Efectiva en el Sistema Ferroviario Mexicano [Preliminar report on the Effective Competition in the Mexican Railway System]*. [1]

COFEMER (2017), *Informe Anual de Desempeño-COFEMER 2016-2017*, http://www.cofemer.gob.mx/docs-bin/dg/Informe_anual_2017.pdf (accessed on 31 January 2018). [2]

Godden, D. (2018), *The Economic Impact of UK Rail 2018*, Oxford Economics, London, https://www.oxfordeconomics.com/recent-releases/06ec32db-6550-44ed-ac64-6502b9530867. [9]

OECD (2018), *Driving Performance at Ireland's Commission for Regulation of Utilities*, The Governance of Regulators, OECD Publishing, Paris, https://dx.doi.org/10.1787/9789264190061-en. [6]

OECD (2016), *Being an Independent Regulator*, The Governance of Regulators, OECD Publishing, Paris, https://dx.doi.org/10.1787/9789264255401-en. [5]

OECD (2016), *Governance of Regulators' Practices: Accountability, Transparency and Co-ordination*, The Governance of Regulators, OECD Publishing, Paris, https://dx.doi.org/10.1787/9789264255388-en. [7]

OECD (2014), *The Governance of Regulators*, OECD Publishing, Paris, http://dx.doi.org/10.1787/9789264209015-en. [4]

ORR (2018), *Business Plan 2018-19*, ORR, London, https://orr.gov.uk/__data/assets/pdf_file/0006/27465/orr-business-plan-2018-19.pdf (accessed on 3 March 2019). [8]

Pittman, R. (2010), "Against the Stand-Alone-Cost Test in U.S. Freight Rail Regulation", *Journal of Regulatory Economics*, Vol. 38/3, pp. 313-326, https://link.springer.com/content/pdf/10.1007%2Fs11149-010-9130-3.pdf (accessed on 2 March 2019). [10]

TRB (2015), *Modernizing Freight Rail Regulation*, TRB Publications, http://www.trb.org/Publications/Blurbs/172736.aspx. [11]

Trnka, D. and Y. Thuerer (2019), "One-In, X-Out: Regulatory offsetting in selected OECD countries", *OECD Regulatory Policy Working Papers*, No. 11, OECD Publishing, Paris, https://dx.doi.org/10.1787/67d71764-en. [3]

2 Desempeño del sector ferroviario de México

Esta sección describe brevemente el desempeño general del sector ferroviario en México. Comprende una evaluación de la industria, un análisis espacial y una comparación internacional. La revisión de la industria se enfoca en el desempeño económico, el análisis de productos y la evaluación de la participación del mercado del sector ferroviario. El análisis espacial se dirige a identificar los principales corredores comerciales ferroviarios en el país, así como su dinámica. Finalmente, el análisis internacional proporciona una descripción general del sector ferroviario dentro de la arena internacional.

Análisis de la industria

Esta sección tiene el objetivo de describir un perfil general del transporte de carga ferroviaria en México desde la reestructuración de la industria, basándose en su desempeño económico. En general, la reestructuración de la industria de carga ferroviaria fue exitosa, ya que cambió la tendencia decreciente del desempeño económico mostrado durante el control del estado. La actividad económica del sector ferroviario recuperó su dinamismo. Incrementó ligera, pero continuamente, su participación de carga transportada así como el tonelaje de la carga transportada. Además, la reestructuración trajo inversión de nuevo y mejoró el servicio de carga en comparación con los años previos.

En comparación con los otros modos de transporte, la ventaja competitiva del transporte ferroviario es más evidente para los trayectos largos. Al mismo tiempo, los ferrocarriles son con frecuencia dependientes de la conectividad con otros modos de transporte para entregar productos. Por esta razón, el desempeño económico es dependiente del grado de conectividad de la red ferroviaria, la productividad en la logística y de la calidad de la infraestructura; pero también de la igualdad de condiciones en el ámbito de competencia que las compañías ferroviarias o los corredores (segmentos origen-destino) que enfrentan con otras compañías ferroviarias o competidores transportistas de otros modos. A continuación, se presenta el perfil económico de la industria.

Desempeño económico

En 2017, el tonelaje total transportado en México representó 982 millones. La carga transportada por carretera fue el modo más importante con 546.6 toneladas, que representó 55.7% del sector. El segundo más importante fue el marítimo con 307.6 millones de toneladas, alrededor de 31.3%. En contraste, el transporte ferroviario trasladó 126.6 millones de toneladas durante 2017 (alrededor de 12.9% del total) y el restante 0.7 millones se movieron por aire (0.1% del total).

Las ferroviarias en México también transportan pasajeros en una línea única para distancias medias. En 2017, 56 millones de personas utilizaron el *Tren suburbano,* que representó 1.5% del total en el país, aproximadamente 1 475 millones de pasajeros *por* kilómetro (véase la Tabla 2.1).

Tabla 2.1. Carga y pasajeros por modalidad de transporte

Millones en 2017

Modo de transporte	Toneladas	%	Pasajeros	%
Carretera	546.6	55.7	3 701	95.8
Ferrocarril	126.6	12.9	56	1.5
Marítimo	307.6	31.3	17	0.4
Aéreo	0.7	0.1	90	2.3
Total	**982**	**100**	**3 864**	**100**

Fuente: SCT (2018[1]), *Estadística Básica 2017,*
http://www.sct.gob.mx/transporte-y-medicina-preventiva/autotransporte-federal/estadistica/2017/ (acceso el 5 de marzo de 2019).

La evolución del tonelaje movido por el tipo de transporte se presenta en la Figura 2.1 y la Tabla 2.2. Como se puede observar, los cuatro modos experimentaron una tendencia al alza. En principio, el tonelaje neto incrementó 62.0% de 606 millones de toneladas a 982 millones para el periodo 1995-2017. El transporte aéreo presentó el incremento más alto del periodo con 193.7%, aunque este modo tiene la participación más baja en términos de tonelaje. El transporte ferroviario incrementó a 141.2% de 52 millones de toneladas a 127 millones, seguido de la transportación marítima con un incremento de 65.2% de 186 millones de toneladas a 308 millones.

Con respecto a la participación en términos de tonelaje, el transporte por carretera ha tenido la proporción más grande. En 2017, la participación por carretera fue 55.7%, una ligera reducción con respecto a 1995 con 60.6% (véase la Tabla 2.2). El transporte ferroviario, en comparación, tuvo una participación del 12.9% en 2017, con un incremento firme desde 1995 de 8.7%. La participación marítima del tonelaje incrementó de 30.7% en 1995 a 31.3% en 2017. Por último, el transporte aéreo mostró una participación del 0.1% en 2017 de 0.05% en 1995. En general, la información de la Tabla 2.2 muestra que el transporte de carga por tren ganó participación, medido por el tonelaje informado entre 1995 y 2017. Además, los datos parecen indicar que el ferrocarril ganó participación a expensas de la transportación por carretera.

Figura 2.1. Evolución del transporte de carga

Millones de toneladas 1995-2017

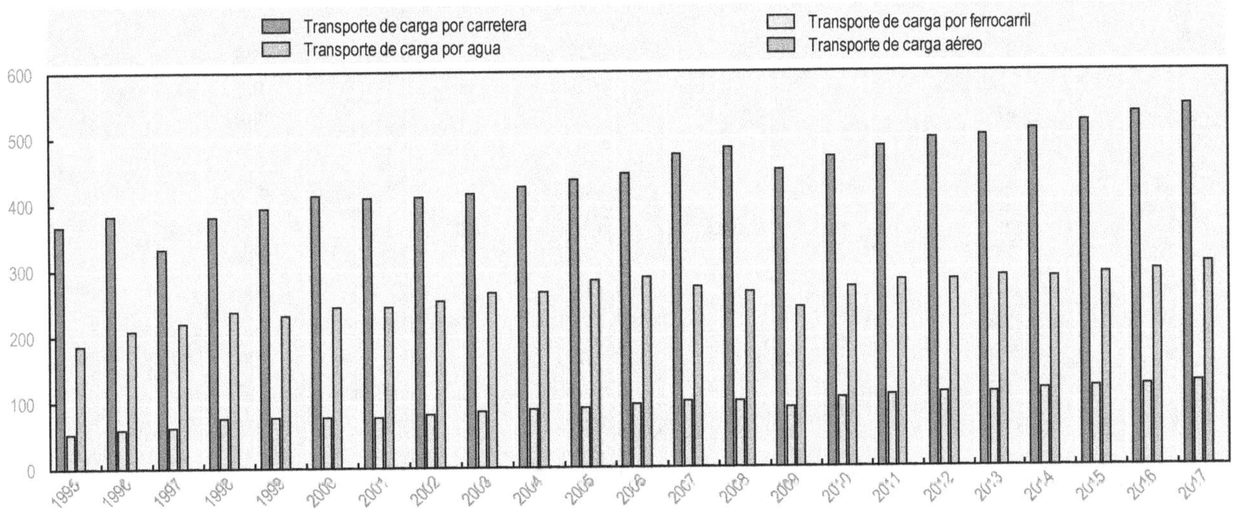

Fuente: SCT (2018[1]), *Estadística Básica 2017*, DOF, CDMX, http://www.sct.gob.mx/transporte-y-medicina-preventiva/autotransporte-federal/estadistica/2017/ (acceso 5 de marzo de 2019).

Tabla 2.2. Transporte de carga por año y modalidad

Millones de toneladas y porcentaje

Años	Carretera	Ferrocarril	Marítimo	Aéreo	Total
1995	367	52	186	0.3	606
%	60.6	8.7	30.7	0.0	100
1996	383	59	209	0.3	651
%	58.9	9.0	32.1	0.0	100
1997	332	62	220	0.3	614
%	54.1	10.0	35.8	0.1	100
1998	381	76	237	0.4	695
%	54.8	10.9	34.2	0.1	100
1999	394	77	231	0.4	703
%	56.1	11.0	32.9	0.1	100
2000	413	77	244	0.4	735
%	56.2	10.5	33.2	0.1	100
2001	409	76	244	0.4	730
%	56.0	10.4	33.5	0.0	100
2002	411	80	253	0.4	745

Años	Carretera	Ferrocarril	Marítimo	Aéreo	Total
%	55.2	10.8	34.0	0.1	100
2003	416	85	265	0.4	766
%	54.3	11.1	34.5	0.1	100
2004	426	88	266	0.5	781
%	54.6	11.3	34.1	0.1	100
2005	436	90	284	0.5	810
%	53.8	11.1	35.0	0.1	100
2006	445	96	287	0.5	829
%	53.7	11.5	34.7	0.1	100
2007	474	100	273	0.6	847
%	55.9	11.8	32.2	0.1	100
2008	484	100	265	0.5	849
%	57.0	11.7	31.2	0.1	100
2009	451	90	242	0.5	784
%	57.5	11.5	30.9	0.1	100
2010	470	105	273	0.6	848
%	55.4	12.3	32.2	0.1	100
2011	486	108	283	0.6	877
%	55.3	12.4	32.2	0.1	100
2012	498	112	283	0.6	894
%	55.7	12.5	31.7	0.1	100
2013	502	112	289	0.6	903
%	55.6	12.4	32.0	0.1	100
2014	511	117	287	0.6	916
%	55.8	12.8	31.3	0.1	100
2015	523	120	293	0.7	936
%	55.9	12.8	31.3	0.1	100
2016	536	122	297	0.7	955
%	56.1	12.8	31.1	0.1	100
2017	547	127	308	0.7	982
%	55.7	12.9	31.3	0.1	100

Fuente: SCT (2018[11]), Estadística Básica 2017, DOF, CDMX, http://www.sct.gob.mx/transporte-y-medicina-preventiva/autotransporte-federal/estadistica/2017/ (acceso el 5 de marzo de 2019).

En términos financieros, las carreteras en México contribuyeron a 88.3% del valor del transporte añadido, medido en pesos mexicanos, entre 1994 y 2017, seguido por el transporte aéreo con 5.1%, ferroviario con 3.7% y marítimo con 2.9% – véase la Tabla 2.3. Es bien conocida la dominancia de los servicios de transporte por carretera para la carga. Sin embargo, la dinámica de la industria se ha modificado ligeramente en años recientes, conforme ha incrementado la participación de los servicios ferroviarios. Un punto clave para este resultado ha sido el crecimiento en el volumen de facturación desde la restructuración del monopolio ferroviario propiedad del estado.

Tabla 2.3. Transporte de carga por modalidad

Como % del PIB del transporte

Año	Aire	Tren	Agua	Carretera
1995	6.0%	3.0%	4.3%	86.8%
1996	6.7%	3.6%	4.0%	85.7%
1997	5.4%	3.4%	3.2%	88.0%

Año	Aire	Tren	Agua	Carretera
1998	5.2%	3.5%	2.9%	88.4%
1999	5.3%	2.9%	3.1%	88.8%
2000	5.1%	3.4%	2.9%	88.6%
2001	5.6%	2.9%	3.0%	88.5%
2002	5.5%	3.1%	3.1%	88.3%
2003	5.0%	3.4%	3.4%	88.2%
2004	4.6%	4.5%	3.8%	87.0%
2005	4.8%	4.6%	3.2%	87.3%
2006	5.5%	4.6%	3.0%	87.0%
2007	5.4%	4.3%	3.1%	87.2%
2008	4.9%	4.1%	3.0%	88.1%
2009	5.3%	4.0%	2.6%	88.0%
2010	5.2%	3.8%	2.6%	88.3%
2011	5.3%	4.1%	2.8%	87.8%
2012	4.6%	4.1%	2.8%	88.6%
2013	4.3%	3.9%	2.7%	89.1%
2014	4.3%	3.6%	2.5%	89.6%
2015	4.5%	3.5%	2.5%	89.5%
2016	4.6%	3.4%	2.4%	89.6%
2017	4.8%	3.4%	2.1%	89.7%
Promedio del periodo	5.1%	3.3%	2.0%	89.5%

Fuente: INEGI (n.d.[2]), *PIB y cuentas nacionales*, https://www.inegi.org.mx/temas/pib/ (acceso el 1 de junio de 2019).

El sector ferroviario en México experimentó cambios significativos desde la restructuración de la industria en 1994. Los capitales privados reforzaron los ferrocarriles mejorando la calidad de los servicios de carga e incrementaron las inversiones sobre la infraestructura y la participación en la actividad económica dentro del sector, véase la Figura 2.2 para la evolución de las inversiones en las líneas ferroviarias.

Figura 2.2. Inversión de los principales concesionarios ferroviarios en México

Miles de millones de MXN

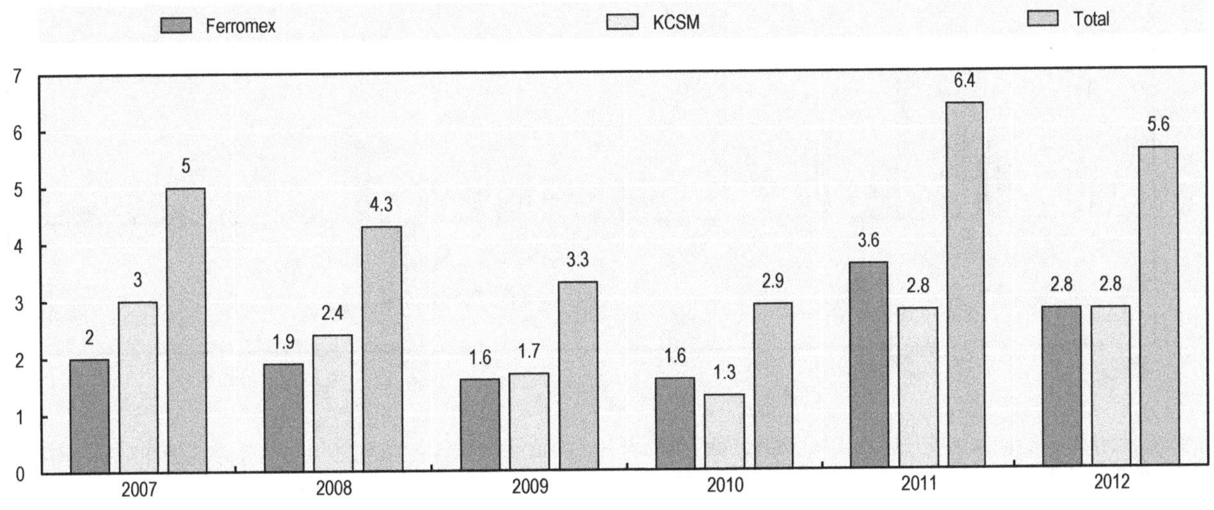

Fuente: Gobierno de México (2019[3]), Instituto Mexicano del Transporte, Querétaro, https://www.gob.mx/imt (acceso el 5 de marzo de 2019).

La Figura 2.3 presenta el promedio de crecimiento del producto interno bruto (PIB) del transporte ferroviario, en el porcentaje, para el periodo de 1994-2017. El crecimiento de las ferroviarias fue el más alto del sector de transporte con 4.1%; fue 0.1% mayor que las carreteras, que es el modo de transporte más importante en México.

Figura 2.3. Crecimiento promedio en el producto interno bruto (GDP) del transporte de carga en México entre 1994 y 2017

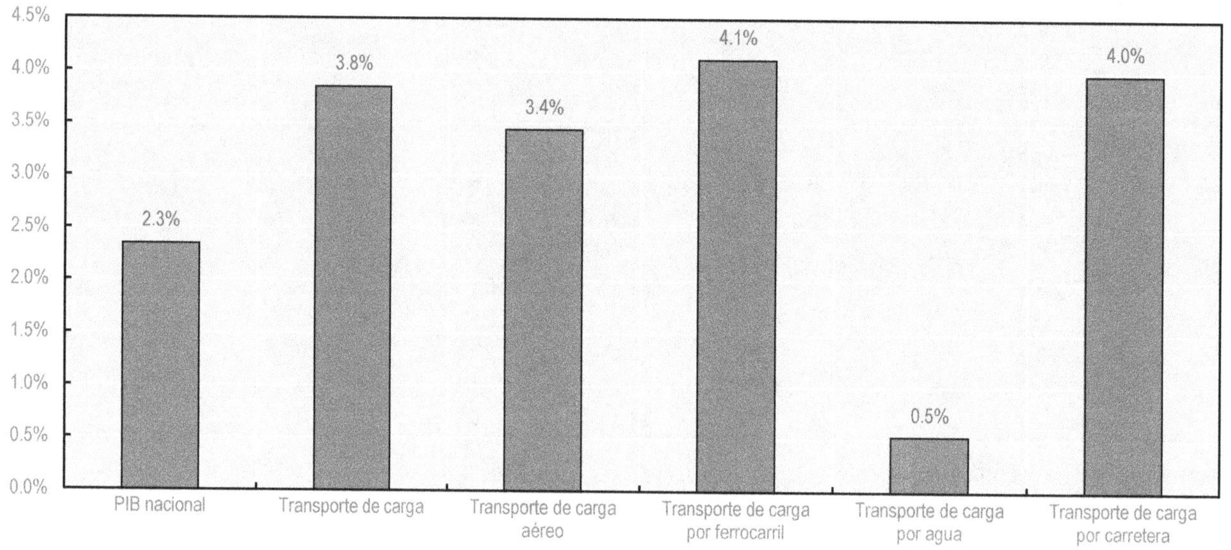

Fuente: Elaborada con datos del INEGI (2019[4]), *Banco de Información Económica* (BIE), https://www.inegi.org.mx/sistemas/bie/ (acceso el 5 de marzo de 2019).

Figura 2.4. Crecimiento interanual en el PIB del transporte de carga en México entre 1994 y 2017

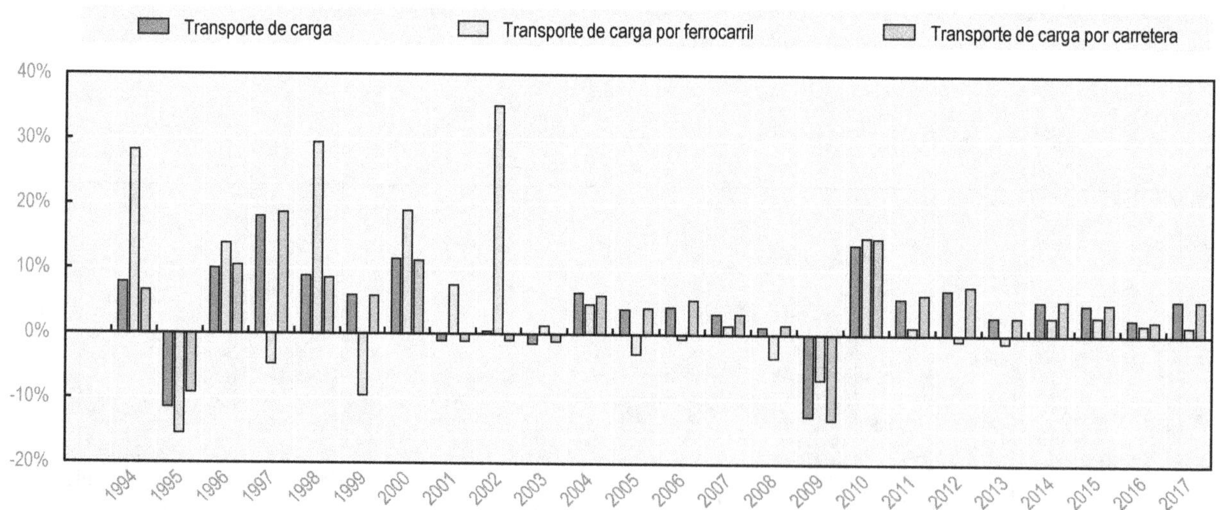

Fuente: Elaborada con datos del INEGI (2019[4]), Banco de Información Económica (BIE), https://www.inegi.org.mx/sistemas/bie/ (acceso el 5 de marzo de 2019).

La Figura 2.4 muestra el crecimiento anual del PIB del sector de transporte para el periodo de 1994-2017. En general, los datos muestran que no existe un camino claro en el desempeño del sistema ferroviario. Entre 1994 y 2003, el sector ferroviario mostró periodos de agudo crecimiento en la actividad económica, combinado con caídas. En este periodo, en los años de crecimiento positivo, el modo de transporte ferroviario superó el desempeño de los servicios de transporte como un todo. En contraste, de 2004 a 2017, el crecimiento interanual de las ferroviarias se desempeñó por debajo de la industria de carga nacional, con excepción de 2009 y 2010. En general, parece que las altas tasas de crecimiento en el PIB de la industria ferroviaria en los años inmediatos tras la restructuración de 1994 contemplan la diferencia en el desempeño entre el transporte de carga como un todo y el sector ferroviario entre el periodo de 1994-2017.

El volumen de carga transportado por ferrocarril incrementó de manera continua de 2007 a 2017, véase la Figura 2.5 y la Tabla 2.4. La Figura 2.5 muestra el comportamiento de la carga movida por ferrocarril entre 2007 y 2017. En términos generales muestra que ha existido una tendencia creciente global, aunque con periodos de caídas de 2007-09 y 2011-13.

La Tabla 2.4 muestra que en términos absolutos, la carga creció de 99.8 millones de toneladas en 2007 a 126.9 millones en 2017, un incremento de 27.2%, que implicó un 2.4% en promedio por año. También, las toneladas-kilómetros pasaron de 77 169 millones a 86 332, un incremento de 9 163 millones, equivalente a un crecimiento de 11.9%, para todo el periodo, lo que representó alrededor de 1.1% en una base anual.

Tabla 2.4. Transporte ferroviario de carga en México

	2007	2008	2009	2010	2011	2012	2013	2014	2015	2016	2017
Toneladas (millones)	99.8	99.7	90.3	104.6	108.4	111.6	111.9	116.9	119.6	122.0	126.9
Toneladas-km (millones)	77 169	74 582	69 185	78 770	79 728	79 353	77 717	80 683	83 401	84 694	86 332

Fuente: Elaborado por la OCDE con datos de la ARTF (2018[5]), Anuario Estadístico Ferroviario 2017, https://www.gob.mx/artf/acciones-y-programas/anuario-estadistico-ferroviario-2017-152797 (acceso el 31 de enero de 2018).

Figura 2.5. Carga movida por tren

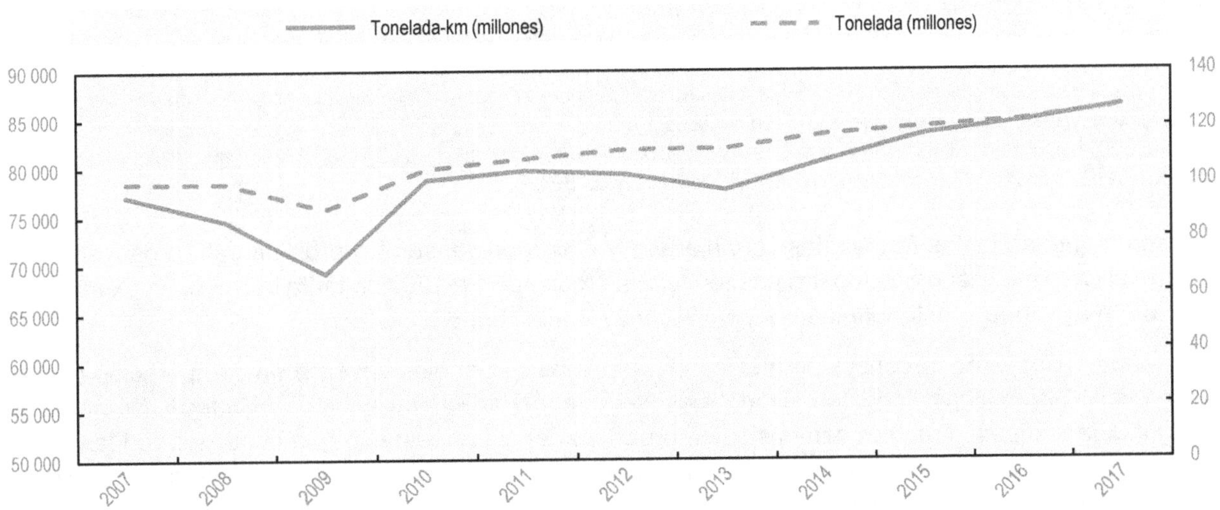

Fuente: Elaborado por la OCDE con datos de la ARTF (2018[5]), *Anuario Estadístico Ferroviario 2017*, https://www.gob.mx/artf/acciones-y-programas/anuario-estadistico-ferroviario-2017-152797 (acceso el 2 de marzo de 2019).

Con respecto al costo de servicios de carga, la Figura 2.6 presenta la evolución de las tarifas promediadas de 1960 a 2010 para las líneas mexicanas, canadienses y estadounidenses. El periodo comprende los puntos de quiebre de la desregulación estadounidense, la privatización canadiense y el otorgamiento de concesiones privadas en México. Para el caso mexicano, existe una brecha en la información estadística de 1987 a 1998; por consiguiente, no existen registros de las tarifas para dicho periodo.

Antes de las concesiones en México, las tarifas pagadas por los clientes, marcadas como *Nacionales de Mexico* (NdeM) (solo carga), fueron menores que el promedio en EE.UU. y Canadá. Aunque la compañía ferroviaria nacional estatal mexicana estaba a cargo de la operación de los servicios de carga, el gobierno federal tuvo que otorgar un subsidio para cubrir el balance negativo de la compañía. Por ejemplo, las tarifas reales compuestas por el pago de los clientes y los subsidios fueron en promedio mayores que los servicios en Canadá durante el periodo anterior a 1987 y que en EE.UU. en algunos años.

Figura 2.6. Tarifas promedio de la carga ferroviaria

2012 Centavos de USD/tonelada-km

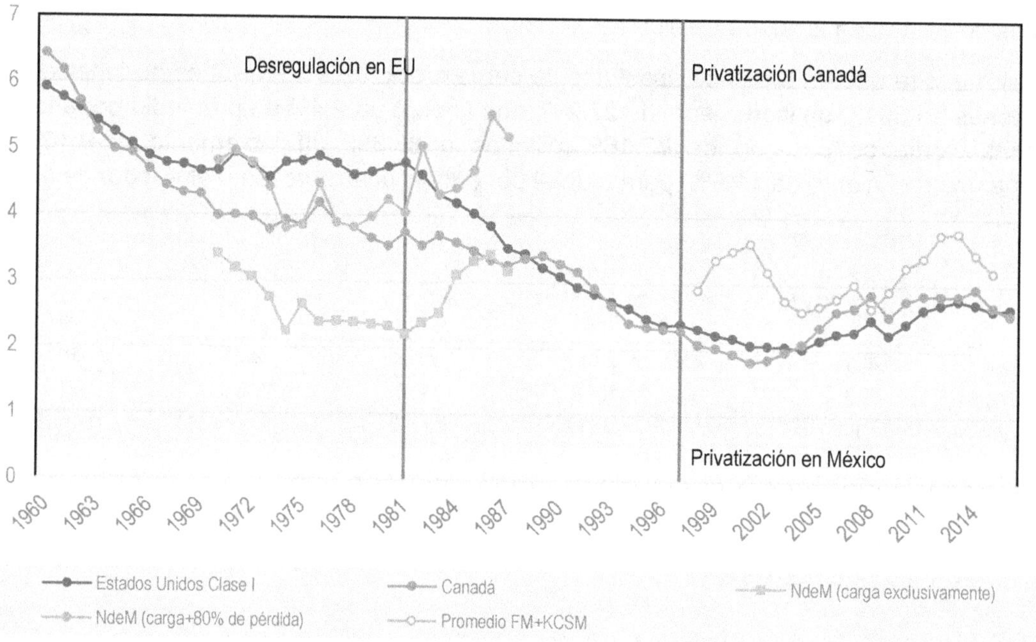

Notas: Ferrocarriles Nacionales de México estaba constituido por tres ferroviarias: Nacionales de Mexico (NdeM), Ferrocarril Chihuahua-Pacifico (Chepe) y Ferrocarril del Pacifico (FdelP). Los datos notificados aquí son para NdeM únicamente pero son representativos de FNM debido a la pequeña escala de las operaciones de FdelP y Chepe.
Fuente: (ITF, 2014[6]), El desarrollode los ferrocarriles de transporte de carga en México, https://dx.doi.org/10.1787/5jlwvzjd60kb-en, actualizado para añadir los datos de 2013-16 basándose en AAR "Railroad Facts" y US BEA GDP.

Se destaca que las tarifas ferroviarias canadienses y estadounidenses tuvieron un patrón descendente, contrario al caso mexicano que mostró una tendencia creciente. En 1987, la tarifa promedio mexicana real fue 48.5% mayor que la estadounidense y 67.7% mayor a la canadiense.

En los años después de la concesión mexicana, las tarifas nacionales cayeron en comparación con los años previos. Sin embargo, seguían siendo mayores que los niveles de EE.UU. y Canadá. No obstante, por algunos años las tarifas mexicanas siguieron una tendencia opuesta, lo que contrasta con las tarifas estadounidenses y canadienses que continuaban disminuyendo. Para 2002, las tarifas ferroviarias mexicanas revirtieron la tendencia creciente al mismo tiempo que las tarifas estadounidenses y canadienses invirtieron su tendencia descendente, por lo que las tarifas mexicanas se acercaron más a las tarifas estadounidenses y canadienses.

Un análisis de las tarifas de los ferrocarriles mexicanos debe realizarse regularmente, pero requiere información detallada. En la actualidad, la ARFT solo tiene información de las tarifas máximas, ya que los titulares de las concesiones deben registrar dicha información por producto en una base anual. No obstante, esta información no refleja los precios reales cobrados a los clientes, que son diferentes de las tarifas máximas. Por lo tanto, no se puede abordar un análisis de tarifas exhaustivo del caso de México.

Análisis de los productos

La participación de la carga transportada por ferrocarril por tipo de producto, medida en toneladas, prácticamente no cambió por los últimos 10 años. La Tabla 2.5 presenta las toneladas transportadas por ferrocarril y su peso relativo con respecto a la carga total de 2007 a 2017, así como el volumen total de carga por producto. Los productos industriales fueron de 48.8 millones de toneladas en 2007 a 59.8 millones en 2017 – un incremento de 22.5%. Los productos agrícolas crecieron 22.8% – de 26.3 millones a 32.3 millones. Los productos mineros por otra parte ascendieron alrededor de 30.6% y los productos derivados del petróleo presentaron un incremento de 120.8%, lo más relevante del periodo. En contraste, los bienes inorgánicos disminuyeron 1.7% en los diez años.

Como se puede ver en la Tabla 2.6, los productos más importantes para el modo de transporte ferroviario son los relacionados a la industria, ya que representan más de 46.0% del tonelaje total para cada año, 47.8% en promedio para todo el periodo. El segundo tipo más relevante de producto es el relacionado a la agricultura, ya que representó entre 22.5% (2013) y 27.9% (2009). Además, el tercer tipo son los relacionados a los minerales, representando entre 10.9% (2016) y 14.0% (2013).

Vale la pena mencionar que las tres categorías más relevantes de productos transportados por ferrocarril representaron entre 84.5% (2014) y 87.6% (2008) del tonelaje total para el periodo– 85.8% en promedio. Los productos derivados del petróleo, el cuarto en relevancia, son aquellos que han cambiado más en su proporción, moviéndose de 5.2% en 2008 a 9.2% en 2014 y 2017.

Tabla 2.5. Transporte ferroviario de carga por producto grupal, en toneladas

Millones de toneladas, anuales

Grupo de productos	2007	2008	2009	2010	2011	2012	2013	2014	2015	2016	2017
Industrial	48.8	47.7	41.7	49.0	50.9	53.4	54.9	56.5	57.6	58.9	59.8
Agrícola	26.3	26.3	25.2	27.0	26.5	26.7	25.2	27.1	29.8	31.8	32.3
Minero	12.1	13.3	10.9	13.7	15.2	15.4	15.7	15.2	14.7	13.3	15.8
Petróleo	5.3	5.2	6.4	7.7	8.4	8.7	9.2	10.8	10.7	11.0	11.7
Inorgánicos	5.9	5.7	4.8	5.6	6.0	5.9	5.4	5.8	5.2	5.5	5.8
Forestales	1.1	1.0	0.8	0.9	1.0	1.1	1.1	1.2	1.2	1.1	1.1
Animales	0.4	0.4	0.4	0.5	0.5	0.5	0.4	0.4	0.4	0.4	0.4
Total	99.9	99.6	90.2	104.4	108.5	111.7	111.9	117	119.6	122	126.9

Fuente: Adaptado de ARTF (2018[5]), *Anuario Estadístico Ferroviario 2017*, https://www.gob.mx/artf/acciones-y-programas/anuario-estadistico-ferroviario-2017-152797 (acceso el 31 de enero de 2018).

Tabla 2.6. Transporte ferroviario de carga por grupo de producto

Porcentaje, anual

Grupo de productos	2007	2008	2009	2010	2011	2012	2013	2014	2015	2016	2017
Industrial	48.9%	47.8%	46.2%	46.8%	47.0%	47.8%	49.1%	48.3%	48.2%	48.3%	47.1%
Agrícola	26.4%	26.4%	27.9%	25.8%	24.4%	23.9%	22.5%	23.2%	24.9%	26.1%	25.5%
Minero	12.1%	13.3%	12.1%	13.1%	14.0%	13.8%	14.0%	13.0%	12.3%	10.9%	12.5%
Producto	5.3%	5.2%	7.1%	7.4%	7.7%	7.8%	8.2%	9.2%	8.9%	9.0%	9.2%
Inorgánico	5.9%	5.7%	5.3%	5.4%	5.5%	5.3%	4.8%	5.0%	4.3%	4.5%	4.6%
Forestales	1.1%	1.0%	0.9%	0.9%	0.9%	1.0%	1.0%	1.0%	1.0%	0.9%	0.9%
Animales	0.4%	0.4%	0.4%	0.5%	0.5%	0.4%	0.4%	0.3%	0.3%	0.3%	0.3%
Total	100%	100%	100%	100%	100%	100%	100%	100%	100%	100%	100%

Fuente: Adaptado de ARTF (2018[5]), *Anuario Estadístico Ferroviario 2017*, https://www.gob.mx/artf/acciones-y-programas/anuario-estadistico-ferroviario-2017-152797 (acceso el 31 de enero de 2018).

Participación del sector ferroviario

La Tabla 2.7 presenta la distribución de la carga entre las compañías ferroviarias en México para el año fiscal de 2017. De los 126.9 millones de toneladas transportadas en el país, Ferrocarriles Mexicanos (Ferromex) movió aproximadamente 46.0% (58.3 millones) de la carga, Kansas Southern de México (KCSM) 33.9% (43.1%) y Ferrosur 14.9% (18.9 millones). Estas tres líneas concentraron 94.8% de la carga total en 2017. De hecho, el consorcio Ferromex-Ferrosur representó 60.9% del tonelaje total. Las cuatro líneas cortas Coahuila-Durango (LFCD), Ferrocarril y Terminal del Valle de México (Ferrovalle), Ferrocarril del Istmo de Tehuantepec (FIT) y Administradora de la Vía Corta Tijuana-Tecate (Admicarga) representaron 6.6 millones de toneladas, que representaron 5.2% de la cantidad total.

Respecto a las toneladas-kilómetros totales, Ferromex sumó 45.6 miles de millones de toneladas-km, aproximadamente 52.9%; KCSM facturó 30.4 miles de millones de toneladas-km, que representó 35.2%; y Ferrosur, 8.8 miles de millones de toneladas-km, 10.2%. Por consiguiente, las tres líneas tuvieron 98.3% de las toneladas-km durante 2017. Las cuatro líneas cortas reunieron 2% de la participación de las toneladas-km con 1.5 miles de millones.

Tabla 2.7. Distribución de la carga remitida por concesionarios y asignados en México

2017

Concesionarios/asignados	Tonelada*		Tonelada-km		Carros cargados
	Millones	Participación	Miles de millones	Participación	Número de unidades
Ferromex	58.3	46.0%	45.6	52.9%	956 591
KCSM	43.1	33.9%	30.4	35.2%	881 880
Ferrosur	18.9	14.9%	8.8	10.2%	279 614
LCD	3.2	2.6%	0.8	0.9%	37 885
FTVM	2.6	2.1%	0.1	0.1%	29 274
FIT**	0.6	0.4%	0.6	0.7%	7 121
ADMICARGA	0.2	0.1%	0.0	0.0%	2 633
Total	126.9	100%	86.3	100%	2 194 998

* Considera el tráfico de las compañías ferroviarias (locales y remitidas).
** Derivado de la modalidad impuesta por la Secretaría de Comunicaciones y Transportes (SCT), las vías de Chiapas y Mayab fueron operadas por Ferrocarril del Istmo de Tehuantepec (FIT) durante 2016.
Fuente: Adaptado de ARTF (2018[5]), *Anuario Estadístico Ferroviario 2017*, https://www.gob.mx/artf/acciones-y-programas/anuario-estadistico-ferroviario-2017-152797 (acceso el 31 de enero de 2018).

Análisis espaciales

Las principales rutas comerciales para la transportación de carga en México se relacionan al comercio exterior, véase la Tabla 2.8. En México, la transportación de bienes por tren (medida como millones de toneladas) ha estado incrementando continuamente desde 2010. Antes de 2014, este crecimiento se vio impulsado por la transportación local de productos; sin embargo, en 2014 la tendencia se revirtió y el flujo de importaciones a través de la frontera México-EE.UU. fue la principal fuente del progreso (ARTF, 2018[5]).

En 2017, la línea del Noreste (bajo la administración de KCSM) fue el corredor con la densidad de tráfico más grande por kilómetro, 7.16 millones de ton-km/km. Lo anterior se deriva de la importancia del cruce de México-EE.UU., en especial a través de Piedras Negras, Coahuila y Nuevo Laredo, Tamaulipas. En 2017, el comercio terrestre representó 71% de la carga internacional total. Por otra parte, los puertos más importantes para la industria ferroviaria son Veracruz y Manzanillo, que sirve a la costa del Atlántico y Pacífico de México, respectivamente. Los dos puertos representaron 63% de los 23.2 millones de toneladas que se movieron por barco en 2017 (ARTF, 2018[5]).

Figure 2.7. Distribución de la carga del ferrocarril de carga por destino en México

Millones de toneladas por año

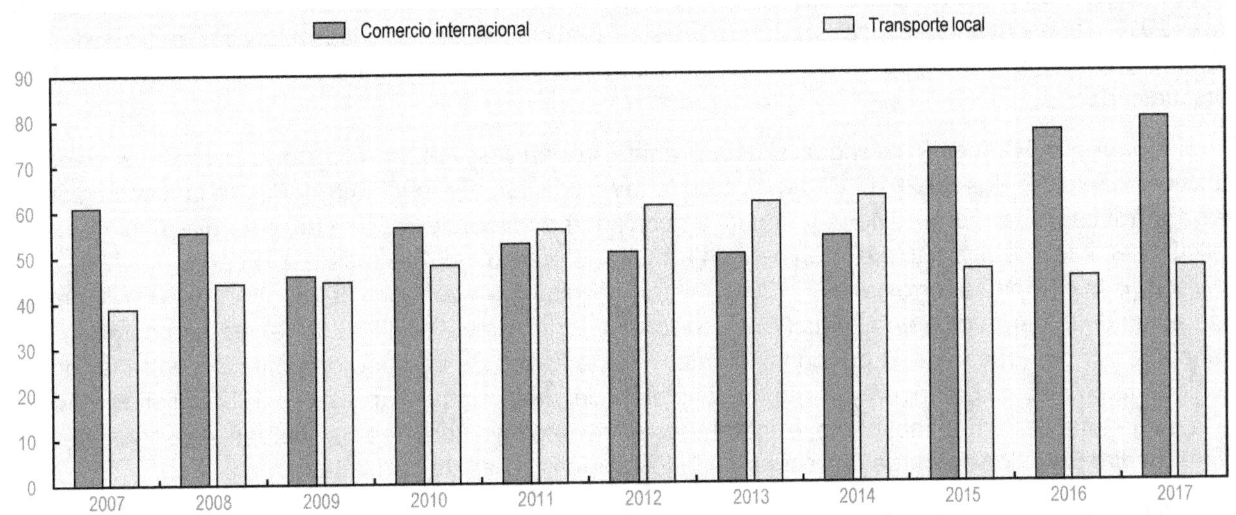

Fuente: (ARTF, 2018[5]) *Anuario Estadístico Ferroviario 2017*, https://www.gob.mx/artf/acciones-y-programas/anuario-estadistico-ferroviario-2017-152797 (acceso el 31 de enero de 2018).

Figura 2.8. Participación de la carga ferroviaria internacional por cruce internacional y puerto en México

Millones de toneladas por año

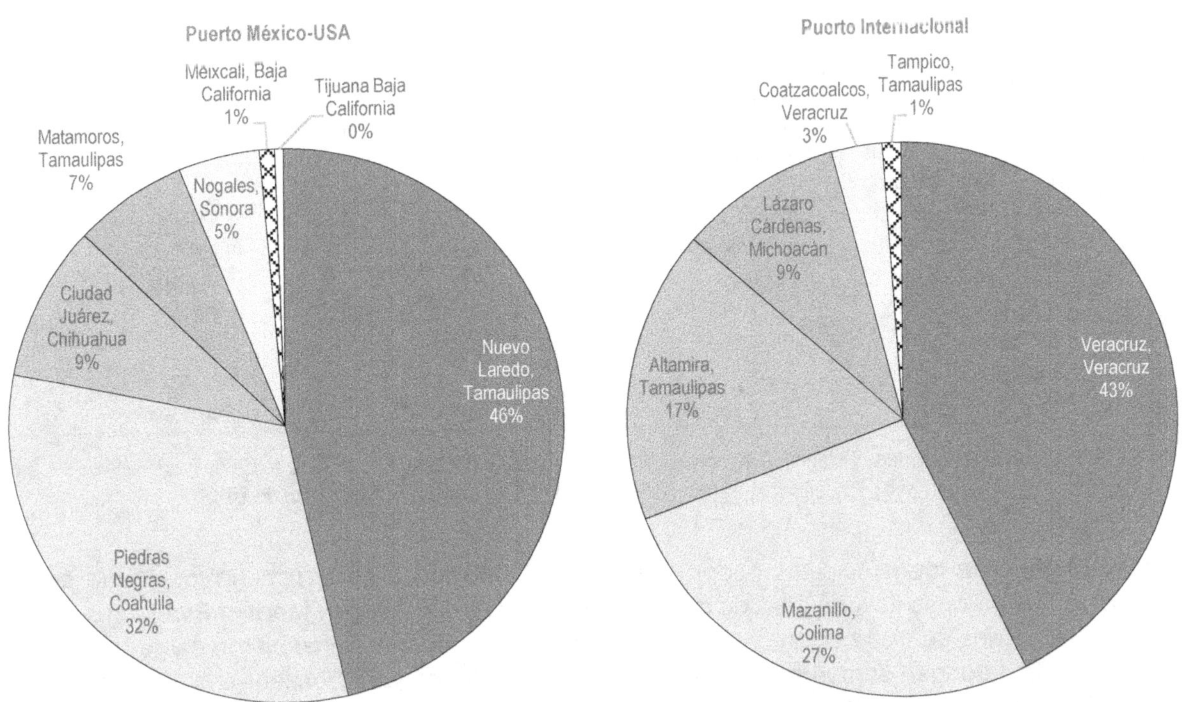

Fuente: ARTF (2018[5]), *Anuario Estadístico Ferroviario 2017*, https://www.gob.mx/artf/acciones-y-programas/anuario-estadistico-ferroviario-2017-152797 (acceso el 31 de enero de 2018).

El impacto de la industria del transporte puede verse en esas ciudades que son relevantes desde un punto de vista logístico. Estas ciudades se localizan en la frontera de México-EE.UU. o tienen puertos importantes, pero no fabrican los bienes transportados. Por ejemplo, en el caso de Colima y Tamaulipas, las actividades relacionadas al transporte, correo y almacenamiento representan el 11% y 10% de su PIB en el 2017, respectivamente (INEGI, 2019[4]). Estas participaciones son las más altas entre todos los estados mexicanos y cinco de las ocho ciudades consideradas en la Figura 2.8 se sitúan en el 10% en este indicador.

García Ortega y Martner Pyrelongue (2018[7]) analizaron el flujo geográfico de la carga ferroviaria en México utilizando datos de 2016. El objetivo de la investigación fue la identificación de la distribución de carga a través de la red ferroviaria y el uso de corredores comerciales. La carga se diferenció entre el tráfico local, interlineal remitido e interlineal en tránsito. El tráfico local se refiere a la carga movida por un operador o la compañía ferroviaria. En 2016, el tráfico local fue alrededor del 89.2% (109.3 millones de toneladas) de la carga total en el país (122.4 millones). El interlineal remitido se refiere a la carga que es manejada por dos operadores; por consiguiente, pasa a través de un nodo de conexión entre la red del titular de la concesión de origen y la red de la licencia del destino, que representó 12.7 millones y 10.3% de la carga total de 2016. Finalmente, el interlineal en tránsito involucra tres compañías: de origen, destino e intermedia. Este tipo de carga representó el 0.4% con 441 miles de toneladas.

La Tabla 2.8 muestra la carga total de acuerdo con el tipo de tráfico por compañía. El tráfico que involucró más de dos redes ferroviarias (tráfico interlineal remitido) con respecto al volumen total es bajo, solo 0.3% del tráfico total. Ferrosur es la línea con la proporción más grande de su carga que incluye más de dos compañías ferroviarias con 215 091 toneladas transportadas, lo que representa 29.1% del tráfico interlineal en tránsito total. Tomando en conjunto el tráfico interlineal remitido e interlineal en tránsito, Ferromex es el actor principal con 4.9 millones de toneladas transportadas.

Tabla 2.8. Carga según el tipo de tráfico en México

Toneladas

Compañías	Tráfico local	% a través del tipo de tráfico	Tráfico interlineal remitido	% a través del tipo de tránsito	Tráfico interlineal en tránsito	% a través del tipo de tránsito	Total por compañía	% a través de las compañías
Ferromex	51 396 044	91.1	4 832 316	8.6	156 377	0.3	56 384 737	46.0
Ferrosur	12 031 841	70.9	4 717 491	27.8	215 091	1.3	16 964 423	13.8
KCSM	39 486 366	94.1	2 376 038	5.6	69 711	0.2	41 932 115	34.2
FIT-CH-M	1 305 227	100	0	0	0	0	1 305 227	1.1
LCD	2 630 544	76.9	787 285	23.0	0	0	3 417 829	2.8
TFVM	2 453 064	100	0	0	0	0	2 453 064	2
Tráfico	109 303 085	89.2	12 713 130	10.3	441 179	0.3	122 457 394	100

Fuente: Reproducción de García Ortega y Martner Pyrelongue (2018[7]), "Análisis Geográfico de los Flujos de Carga Ferroviaria en México con Datos de 2016", https://imt.mx/archivos/Publicaciones/PublicacionTecnica/pt521.pdf (acceso el 1 de marzo de 2019).

La Tabla 2.9 muestra los principales nodos o terminales para el tráfico ferroviario local, que en 2016 distribuyeron 109 millones de toneladas de carga en México. García Ortega y Martner Pyrelongue (2018[7]) analizaron 348 nodos de distribución del lado del origen y 412 nodos que recibieron carga (destino). De estos, 25 nodos de origen sumaron 74% de la carga total saliente y 27 concentraron 60% de la carga entrante. Conforme a la conclusión, la integración de los 42 nodos de origen-destino más importantes sintetiza 78.8% de la carga saliente y 62.3% de la carga entrante. De hecho, también concluyeron que estos 42 nodos se localizan junto con los tres corredores ferroviarios comerciales principales de México.

1. El corredor Centro-Norte que conecta la Ciudad de México y dos cruces fronterizos en Estados Unidos, Nuevo Laredo en Tamaulipas y Piedras Negras en Coahuila. Como se puede ver en la Tabla 2.9, estos son los nodos más importantes en términos de tráfico local.

2. El corredor transversal occidental que conecta al Pacífico a través del puerto de Manzanillo y la Ciudad de México.

3. El corredor transversal oriental que conecta al Golfo de México a través del puerto de Veracruz y la Ciudad de México.

García Ortega y Martner Pyrelongue (2018[7]) identificaron que con pocas excepciones (Monterrey, Pantaco y Ciudad Frontera) los mayores nodos se localizan en los puertos o en los cruces fronterizos. Además, en estas terminales, los movimientos de origen fueron mayores que los destinos, ya que hay importaciones distribuidas a través del territorio nacional a través de los principales corredores de cada titular de concesión, con excepción de Guaymas. Por el contrario, los nodos tierra adentro presentaron más movimientos de destino.

En resumen, los autores concluyeron que, para el tráfico local, 35% de la carga total se movió a través de nueve nodos de cruce y se relacionaron con comercio internacional. Diez nodos más se asociaron con la producción y el consumo de las principales áreas urbanas y 23 nodos más (19% de la carga) se relacionaron con carga especializada.

La Tabla 2.10 presenta los nodos principales con tráfico interlineal remitido. Como se mencionó previamente, en 2016, la carga gestionada por dos operadores alcanzó 12.6 millones de toneladas. Esta carga se distribuyó a través de 167 nodos de origen y 197 terminales de destino. No obstante, los nodos revelados en la Tabla 2.10 representaron 86.2% y 78.5% de los nodos de origen y destino.

Los autores concluyeron que este tipo de carga se concentra en la región central del país. Más específicamente, los siguientes corredores:

1. Manzanillo – Guadalajara – Cortázar – Querétaro – Bojay

2. Coatzacoalcos – Jáltipan – Tuxtepec – Molino – Panzacola – Puebla

3. Veracruz – Cd. Sahagún – Pantaco – Metepec – Toluca

Un tercio de la carga se relacionó a otros corredores y ciudades como Nuevo Laredo, Monterrey, Química del Rey y Piedras Negras, que añadió 12.1% del tráfico interlineal remitido.

Los nodos más representativos con tráfico interlineal en tránsito se enumeran en la

Tabla 2.11. De la carga total que incluyó a más de tres operadores (441 178 toneladas), nueve terminales concentraron 92.1% de la carga total en movimientos de origen y diez añadieron 88.3% de la carga en los nodos de destino. En general, este tipo de flujo es principalmente unidireccional, lo que implica que las terminales con este tipo de logística sean principalmente receptoras o emisoras. No obstante, destaca que la carga que viaja a través de tres o más operadores es poco frecuente en México.

En términos generales, el tráfico local es el más representativo en la industria ferroviaria dado que el interlineal requiere acuerdos entre las compañías para compartir la infraestructura.

Tabla 2.9. Principales nodos de carga para tráfico local en México

Nodos	Origen (toneladas)	%	Destino (toneladas)	%	Total (toneladas)
Nuevo Laredo	18 015 349	16.5	4 272 489	3.9	22 287 838
Piedras Negras	10 853 824	9.9	5 735 430	5.2	16 589 254

Nodos	Origen (toneladas)	%	Destino (toneladas)	%	Total (toneladas)
Monterrey	1 298 643	1.2	8 712 609	8	10 011 251
Veracruz	7 157 720	6.5	674 994	0.6	7 832 713
Lázaro Cárdenas	3 853 651	3.5	2 443 357	2.2	6 297 009
Ciudad Juárez	4 473 766	4.1	1 215 833	1.1	5 689 599
Pantaco	860 506	0.8	4 661 326	4.3	5 521 831
Manzanillo	4 312 294	3.9	1 173 240	1.1	5 485 534
Cd Frontera	1 147 104	1	4 021 639	3.7	5 168 742
Matamoros	3 609 844	3.3	1 535 084	1.4	5 144 928
Tlalnepantla	446 491	0.4	3 694 152	3.4	4 140 643
Rio Escondido	2 071 409	1.9	1 873 891	1.7	3 945 301
Nogales	2 167 474	2	1 501 419	1.4	3 668 893
Altamira	3 056 726	2.8	230 798	0.2	3 287 524
Guadalajara	389 542	0.4	2 770 727	2.5	3 160 268
San Luis Potosí	314 524	0.3	2 703 095	2.5	3 017 618
Cd Industrial	1 997 730	1.8	767 931	0.7	2 765 662
Cuautitlán	435 664	0.4	2 189 660	2	2 625 324
Guaymas	310 762	0.3	2 131 687	2	2 442 449
Torreón	879 558	0.8	1 351 935	1.2	2 231 493
Minatitlán	2 191 878	2	0	0	2 191 878
San Juan De Los Lagos	11 068	0	2 136 102	2	2 147 169
Tecomán	2 031 214	1.9	10	0	2 031 224
Huehuetoca	1 875 512	1.7	27 331	0	1 902 843
Silao	1 259 380	1.2	608 107	0.6	1 867 488
Salinas Victoria	440 240	0.4	1 397 478	1.3	1 837 717
Tula	1 396 670	1.3	288 070	0.3	1 684 740
San Juan Del Rio	24 848	0	1 555 312	1.4	1 580 160
Moyotzingo	0	0	1 521 295	1.4	1 521 295
El Castillo	46 112	0	1 381 244	1.3	1 427 357
Tepeaca	1 280 543	1.2	93 648	0.1	1 374 191
Lechería	161 219	0.1	1 124 693	1	1 285 913
Gómez Palacio	14 675	0	1 231 947	1.1	1 246 622
Zapotiltic	1 112 430	1	127 709	0.1	1 240 139
Querétaro	5 250	0	1 217 747	1.1	1 222 997
Las Palmas	1 110 720	1	104 237	0.1	1 214 957
Pedro C. Morales	1 190 880	1.1	20 813	0	1 211 693
Cananea	1 173 489	1.1	18 693	0	1 192 182
Ahorcado	219	0	1 168 856	1.1	1 169 075
Tamuín	0	0	1 070 317	1	1 070 317
Palau	1 044 125	1	565	0	1 044 690
Tampico	1 001 459	0.9	27 105	0	1 028 564
Subtotal	85 024 512	77.8	68 782 574	62.9	153 807 086
Total	109 303 085	100	109 303 085	100	

Fuente: García Ortega y Martner Pyrelongue (2018[7]), "Análisis Geográfico de los Flujos de Carga Ferroviaria en México con Datos de 2016", https://imt.mx/archivos/Publicaciones/PublicacionTecnica/pt521.pdf (acceso el 1 de marzo de 2019).

Tabla 2.10. Tráfico interlineal remitido en México

Nodos	Origen (toneladas)	%	Destino (toneladas)	%	Total (toneladas)
Veracruz	1 293 508	10.3	292 137	2.3	1 585 645
Xoxtla	181 694	1.4	1 205 009	9.6	1 386 703
Cortázar	360 983	2.9	877 576	7.0	1 238 559
Ing A Lira Arciniega	376 668	3.0	813 584	6.5	1 190 252

Nodos	Origen (toneladas)	%	Destino (toneladas)	%	Total (toneladas)
Nuevo Laredo	757 839	6.0	301 875	2.4	1 059 713
Bojay	582 054	4.6	430 027	3.4	1 012 081
Querétaro	48 872	0.4	711 043	5.6	759 915
Manzanillo	726 839	5.8	227	0.002	727 066
Química del Rey	713 859	5.7	1 735	0.01	715 593
Piedras Negras	369 456	2.9	329 576	2.6	699 032
Jáltipan	584 429	4.6	34 601	0.3	619 029
Monterrey	261 937	2.1	320 547	2.5	582 484
Guanomex	549 731	4.4	1 577	0.01	551 308
Coatzacoalcos	369 284	2.9	68 744	0.5	438 028
Puebla	118 744	0.9	311 431	2.5	430 175
Salamanca	364 452	2.9	62 685	0.5	427 137
Tecomán	421 774	3.3	0	0.0	421 774
Lázaro Cárdenas	363 977	2.9	32 739	0.3	396 716
Guadalajara	6 982	0.1	384 334	3.0	391 316
Ciudad Juárez	214 706	1.7	166 471	1.3	381 177
Kmb170	377 899	3.0	0	0.0	377 899
Morelia	60	0.0005	358 977	2.8	359 037
San Luis Potosí	84 956	0.7	259 132	2.1	344 087
Panzacola	213 356	1.7	89 637	0.7	302 993
Molino	44 534	0.4	245 217	1.9	289 752
Pantaco	0	0.0	271 164	2.2	271 164
Durango	33 586	0.3	215 122	1.7	248 708
San Juan del Rio	208 457	1.7	33 693	0.3	242 150
Xalostoc	2 504	0.02	237 260	1.9	239 764
Altamira	227 151	1.8	6 425	0.1	233 576
Guasave	202 232	1.6	0	0.0	202 232
Paula	5 278	0.04	194 876	1.5	200 154
Metepec	0	0.0	184 471	1.5	184 471
Tres Valles	62 610	0.5	108 457	0.9	171 067
Toluca	468	0.0	166 465	1.3	166 933
Cd Frontera	5 392	0.04	159 948	1.3	165 341
Cangrejera	144 236	1.1	19 608	0.2	163 845
Cd Sahagún	121 892	1.0	40 808	0.3	162 700
La Junta	36 919	0.3	111 670	0.9	148 588
Pedro C. Morales	147 208	1.2	600	0.005	147 808
Centauro	22 806	0.2	114 911	0.9	137 717
Tuxtepec	102 969	0.8	30 818	0.2	133 788
Víctor Rosales	13 318	0.1	118 628	0.9	131 947
Rio Escondido	0	0.0	128 088	1.0	128 088
Vito	22 974	0.2	104 327	0.8	127 301
Pabellón	0	0.0	126 796	1.0	126 796
Gómez Palacio	119 626	0.9	2 358	0.02	121 984
Apaseo	0	0.0	113 116	0.9	113 116
Tlacote	1 566	0.01	100 906	0.8	102 472
Subtotal	10 869 786	86.2	9 889 394	78.5	20 759 180
Total	12 605 135		12 605 135		

Fuente: García Ortega y Martner Pyrelongue (2018[7]), "Análisis Geográfico de los Flujos de Carga Ferroviaria en México con Datos de 2016", https://imt.mx/archivos/Publicaciones/PublicacionTecnica/pt521.pdf (acceso el 1 de marzo de 2019).

Tabla 2.11. Tráfico interlineal en tránsito en México

Nodos	Origen (toneladas)	%	Destino (toneladas)	%	Total (toneladas)
Cortázar	101 768	23.1	19 917	4.5	121 684
Mérida	19 572	4.4	97 987	22.2	117 559
Química del Rey	75 674	17.2	449	0.1	76 123
Ing. A Lira Arciniega	67 371	15.3	0	0	67 371
Miramar	0	0	63 326	14.4	63 326
Toluca	449	0.1	60 161	13.6	60 610
Coatzacoalcos	51 192	11.6	0	0	51 192
Ing. Roberto Ayala	370	0.1	47 554	10.8	47 924
Bajío	32 606	7.4	0	0	32 606
Veracruz	0	0	32 606	7.4	32 606
Durango	4 405	1	16 095	3.6	20 501
Vito	19 138	4.3	0	0	19 138
San Juan Del Río	0	0	18 860	4.3	18 860
Lázaro Cárdenas	17 572	4	0	0	17 572
Arriaga	0	0	16 464	3.7	16 464
Centauro	16 244	3.7	0	0	16 244
Temascalapa	0	0	16 190	3.7	16 190
Subtotal	406 362	92.1	389 610	88.3	795 971
Total	441 178		441 178		

Fuente: García Ortega y Martner Pyrelongue (2018[7]), "Análisis Geográfico de los Flujos de Carga Ferroviaria en México con Datos de 2016", https://imt.mx/archivos/Publicaciones/PublicacionTecnica/pt521.pdf (acceso el 1 de marzo de 2019).

Comparación internacional

En México, el transporte de carga por ferrocarril representa 25% de la carga terrestre total, mientras que el promedio de la OCDE es del 38% (ITF, 2018[8]). Aunque el uso de los ferrocarriles en el país se aproxima al uso medio en los países miembros de la OCDE, va a la zaga en cuanto a la densidad de las líneas de ferrocarril. México cuenta con 1,37 km de líneas ferroviarias por cada 100 km2 (Figura 2.9) (ITF, 2018[8]). La escasa cobertura de líneas ferroviarias hace especialmente atractivo el transporte por carretera, ya que en algunas zonas del país es la única opción disponible (ITF, 2018[8]).

El uso de vías ferroviarias se determina principalmente por el tipo de productos que se transportan y la distancia cubierta. Por ejemplo, en los Estados Unidos una importante participación de la transportación de carga por ferrocarril se determina por los grandes volúmenes de bienes a granel que se transportan a través de grandes distancias. En línea con lo anterior, y de acuerdo con el ITF, aproximadamente 80% de la transportación de carga mundial por ferrocarril se realiza en tres países: República Popular de China, la Federación Rusa y los Estados Unidos (OECD and IFT, 2017[9]).

Existe una fuerte correlación entre el crecimiento del PIB de un país y su uso de líneas ferroviarias, en particular debido a que las vías ferroviarias se usan principalmente para transportar bienes de consumo (OECD and IFT, 2017[9]). No obstante, a medida que incrementa el valor de los bienes producidos, es más probable que los productos sean transportados por carretera en lugar de transporte de carga, lo que refleja en gran parte los cambios en la mezcla de productos a medida que crece la economía de un país.

Figura 2.9. Densidad de las líneas ferroviarias

Km por 100 km^2

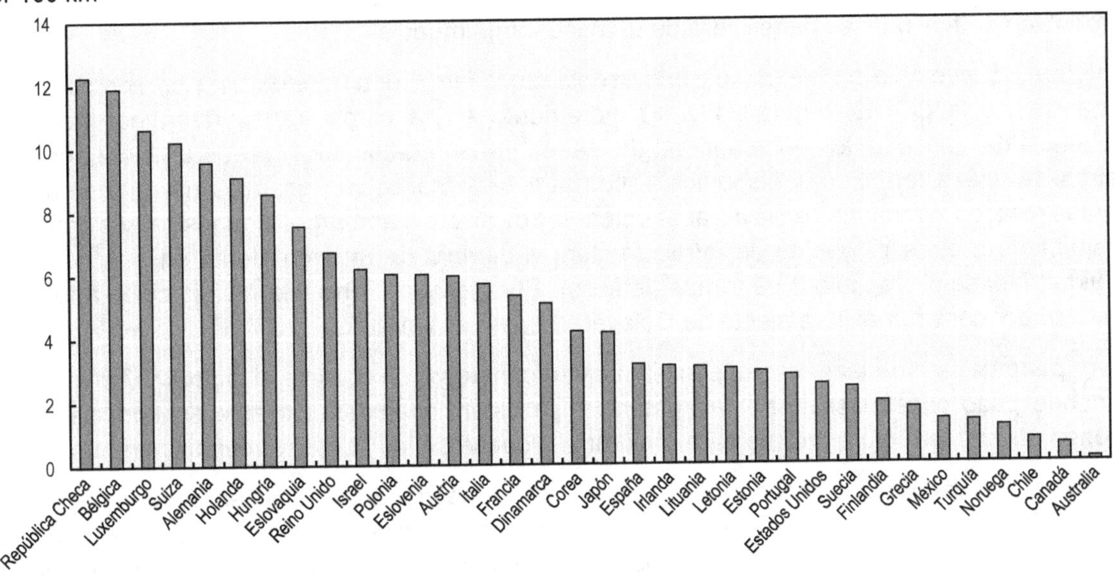

Fuente: (ITF, 2018[8]), *ITF Transport Statistics-Goods Transport* (Estadística de transporte-Transporte de bienes), http://dx.doi.org/10.1787/trsprt-data-en.

Vale la pena mencionar que el crecimiento y la inversión en el transporte ferroviario se han sostenido en México y que las tendencias de crecimiento después de la restructuración han sido favorables en comparación con los periodos previos y, hasta cierto punto, en comparación con EE.UU. (véase la Figura 2.10). Además, después de que se introdujeron concesiones privadas, las toneladas-km por ferrocarril en México han crecido a una tasa más rápida que el PIB. Lo primero implica que la participación y la importancia del sector ferroviario para la economía mexicana han incrementado en los últimos años.

Figura 2.10. Toneladas-km por ferrocarril vs. PIB

Índice 1998=100

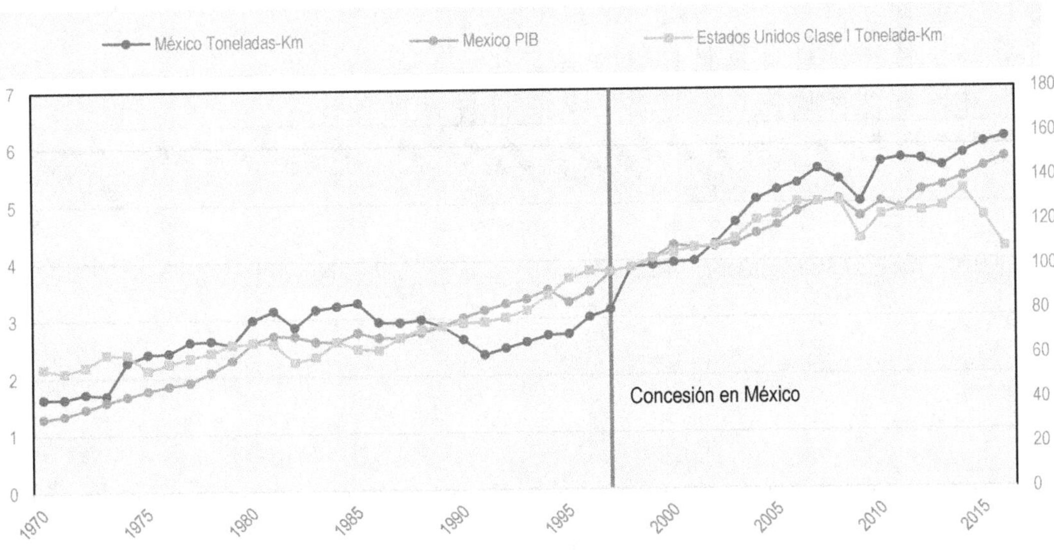

Fuente: (STB, 2018[10]), *Statistics of Class 1 Freight Railroads*, Surface Transportation Board, Washington DC, https://www.stb.gov/Econdata.nsf/M%20Statistics%20of%20Class%201%20Feight%20RR?OpenPage (acceso el 5 de marzo de 2019); ARTF (2018[5]), *Anuario Estadístico Ferroviario 2017*, https://www.gob.mx/artf/acciones-y-programas/anuario-estadistico-ferroviario-2017-152797 (acceso el 31 de enero de 2018).

En 2011-13, la elasticidad promedio del comercio mundial al PIB fue 1.4, lo que implica que el comercio exterior incrementa 1.4% por cada 1% de incremento en el PIB (OECD and IFT, 2017[9]). Debido a que la participación de México en la carga con destino a EE.UU. y a los mercados exteriores ha estado creciendo, muy probablemente el país se beneficiará de una economía mundial.

Sin embargo, la inversión de México en la infraestructura ferroviaria ha sido baja en comparación con otros países de la OCDE (Figura 2.11). El incremento en la carga transportada por tren es una consecuencia del crecimiento en la cantidad de bienes transportados, en lugar de un incremento en los kilómetros de líneas ferroviarias disponibles. Los títulos de concesión actuales no requieren que las compañías realicen inversiones en la infraestructura ferroviaria; sin embargo, algunos países han invertido en libramientos u otros proyectos de infraestructura a cambio de un incremento en sus derechos de exclusividad (véase el Capítulo 2 para más detalles). Por ejemplo, Ferromex recibió cinco años más de exclusividad por construir el libramiento de Celaya.

La mayor parte de las líneas ferroviarias existentes se construyeron durante el siglo XX y muchas de las áreas donde pudo construirse una línea potencial ya están invadidas. En este sentido, se requieren inversiones de infraestructura críticas para mejorar el alcance de las líneas ferroviarias en México.

Es importante señalar que son necesarias inversiones de infraestructura críticas en las áreas relacionadas con la seguridad. En las reuniones con actores interesados privados, concesionarios y miembros de las cámaras que representan a los usuarios, mencionaron la necesidad de invertir en plumas ferroviarias, ya que en muchos casos las líneas del tren atraviesan ciudades o calles congestionadas. Además, la poca inversión se ha destinado a la rehabilitación de las líneas ferroviarias, ya que recientemente han ocurrido accidentes en segmentos de la línea donde los trenes conducen a 10-15 km/h.

Figura 2.11. Inversión de la infraestructura ferroviaria como % del PIB

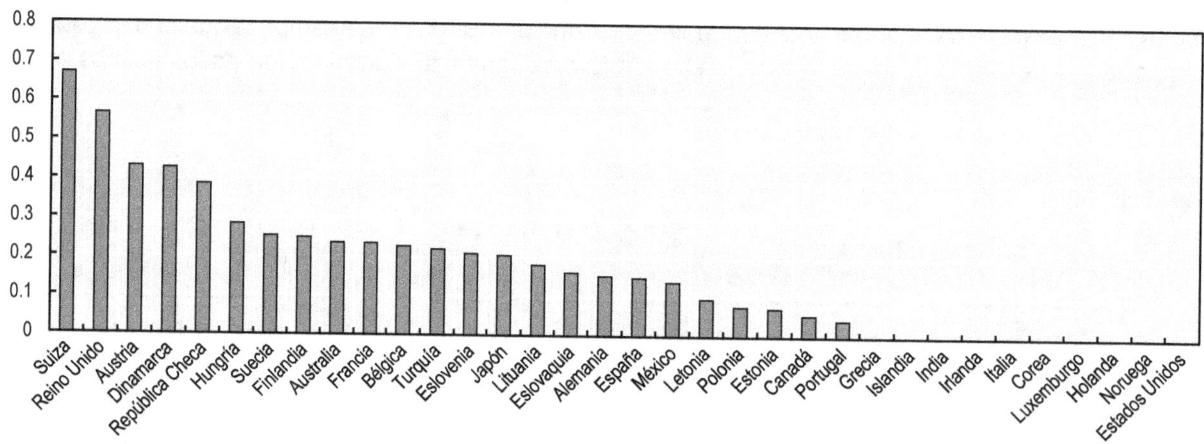

Fuente: ITF (2018[8]), *ITF Transport Statistics-Goods Transport*, http://dx.doi.org/10.1787/trsprt-data-en.

Referencias

ARTF (2018), *Anuario Estadístico Ferroviario 2017 [Railway Statistical Yearbook 2017]*, SCT, https://www.gob.mx/artf/acciones-y-programas/anuario-estadistico-ferroviario-2017-152797. [5]

García Ortega, G. and C. Martner Pyrelongue (2018), "Análisis Geográfico de los Flujos de Carga Ferroviaria en México con Datos de 2016 [Geographic Analysis of Rail Freight Flows in Mexico with 2016 Data]", No. 521, Instituto Mexicano del Transporte, Sanfandilla, Querétaro, https://imt.mx/archivos/Publicaciones/PublicacionTecnica/pt521.pdf (accessed on 1 March 2019). [7]

Gobierno de México (2019), *Instituto Mexicano del Transporte [Mexican Transport Institute]*, Querétaro, https://www.gob.mx/imt (accessed on 5 March 2019). [3]

INEGI (2019), *Banco de Información Económica (BIE) [Economic Information Bank]*, https://www.inegi.org.mx/sistemas/bie/ (accessed on 5 March 2019). [4]

INEGI (n.d.), *PIB y cuentas nacionales*, https://www.inegi.org.mx/temas/pib/ (accessed on 1 June 2019). [2]

ITF (2018), *ITF Transport Statistics-Goods Transport*, http://dx.doi.org/10.1787/trsprt-data-en. [8]

ITF (2014), *Freight Railway Development in Mexico*, OECD Publishing, Paris, https://dx.doi.org/10.1787/5jlwvzjd60kb-en. [6]

OECD and IFT (2017), *ITF Transport Outlook 2017*, https://doi.org/10.1787/25202367. [9]

SCT (2018), *Estadística Básica 2017 [Basic Statistics 2017]*, http://www.sct.gob.mx/transporte-y-medicina-preventiva/autotransporte-federal/estadistica/2017/ (accessed on 5 March 2019). [1]

STB (2018), *Statistics of Class 1 Freight Railroads*, Surface Transportation Board, Washington DC, https://www.stb.gov/Econdata.nsf/M%20Statistics%20of%20Class%201%20Feight%20RR?OpenPage (accessed on 5 March 2019). [10]

3 Informe de situación y reformas del sector ferroviario de México

Esta sección comienza con una breve descripción del desarrollo de la industria desde sus orígenes. Después se presenta una revisión de las principales características del marco regulatorio actual. En particular, el análisis se enfoca en la red y las condiciones de competencia, exclusividad de las concesiones, esquemas de tarifas y otros temas sobre regulación económica. Por último, se presentan ejemplos de mejores prácticas en relación con los marcos regulatorios de la industria ferroviaria en los Estados Unidos y Canadá.

Desarrollo de las vías ferroviarias desde el siglo XIX a 1994

La primera principal línea ferroviaria de México se inauguró en 1873, una vía ferroviaria de transporte de carga y pasajeros que conectaba la Ciudad de México al puerto de Veracruz en el Golfo de México. La línea estaba financiada con capital británico por *the Mexican Railway Company Limited* (Ferrocarril Mexicano, que también es el nombre oficial del operador de transporte de carga actual Ferromex, el cual posee concesiones en otras partes de la red). Bajo los términos de la concesión, otorgada por el Gobierno Imperial en 1864, la compañía recibía un subsidio anual para operar la línea por un periodo de 25 años. Las tarifas tanto para los servicios de carga como de pasajeros se sometieron a revisión del gobierno cada dos años. La vía ferroviaria era redituable pero solo de manera moderada, por lo que pagó dividendos a partir de 1902. Se vio extensamente dañada entre 1914 y 1919 durante la Revolución Mexicana y la ocupación del puerto por tropas estadounidenses (Donly, 1920[1]).

En la década de 1880, se construyeron tres vías ferroviarias para servir a la meseta central y al norte del país, bajo concesiones que proporcionaron subsidios para la construcción de las líneas y periodos de 10 años de libertad de competencia a partir de nuevas concesiones ferroviarias. Estas tres vías ferroviarias fueron las siguientes (los lugares mencionados se indican en la Figura 3.1, Figura 3.2 y la Figura 3.3).

- Ferrocarril Nacional, de la Ciudad de México al noreste, a través de San Luis Potosí y Saltillo y Monterrey a Laredo en la frontera estadounidense.

- Ferrocarril Central Mexicano con una línea desde la Ciudad de México a León más tarde consolidada con más concesiones. Estas son: 1) una línea a El Paso en la frontera estadounidense, 2) una desviación a Manzanillo en la costa del Pacífico a través de Guadalajara y 3) dos desviaciones al puerto de Tampico en la costa del Golfo, una desde Aguascalientes por medio de San Luis Potosí y la otra desde Torreón vía Monterrey.

- Ferrocarril Internacional Mexicano, desde el cruce de Piedras Negras – Eagle Pass en la frontera estadounidense a Torreón en la línea central al área minera de Durango en la región central occidental.

Las condiciones de la concesión cubrieron la transportación libre de tarifas para equipo de correo y militar y tarifas concesionarias de pasajeros para funcionarios del gobierno y personal militar. Las tarifas generales se sometieron a revisión de la Secretaría de Comunicaciones y Obras Públicas cada tres años (Donly, 1920[1]).

Después de varios acuerdos de concesión fallidos, el Ferrocarril Nacional de Tehuantepec en el sur del país se construyó entre 1892 y 1894 del Golfo de México al Océano Pacífico a través del Istmo de Tehuantepec bajo concesión a un socio estadounidense. A la finalización, la concesión fue comprada y se volvió parte de un acuerdo con una compañía británica para desarrollar puertos en ambas costas. Las vías ferroviarias operaron exitosamente, transportando azúcar procedente de Hawái y productos de la costa oeste de Canadá y Estados Unidos a puertos del Atlántico, a pesar de la fuerte competencia del Canal de Panamá, hasta que se vieron dañadas extensamente en 1913 durante la revolución (Donly, 1920[1]).

El Ferrocarril Interoceánico recibió una concesión para correr de Veracruz a Acapulco en la costa Pacífico en 1878 y abrió finalmente una línea desde Veracruz hasta la Ciudad de México en 1891. El Ferrocarril de Veracruz al Istmo recibió una concesión en 1891 y unió Ferrocarriles Mexicanos en Córdoba al Ferrocarril Nacional de Tehuantepec en el sureste. El Ferrocarril Panamericano recibió una concesión en 1901 para correr de la costa del Pacífico del Ferrocarril Nacional de Tehuantepec a la frontera con Guatemala (Bach, 1939[2]).

En 1903, el Secretario de Finanzas del Presidente Porfirio Díaz comenzó una política de tomar las vías ferroviarias bajo control estatal en un interés estratégico nacional y de defensa, adquiriendo una participación gubernamental de control del Ferrocarril Nacional. En 1908 esta se fusionó con una serie de vías ferroviarias de líneas principales, secundarias y de vía angosta a través del país, creando la compañía Ferrocarriles Nacionales de México (FNM) en 1909, para ejercer control sobre las principales líneas troncales a través de una propiedad de acciones mayoritaria (Donly, 1920[1]).

Entre 1929 y 1937 el Estado tomó el control mayoritario del resto de las vías ferroviarias de México. Las compañías tenedoras privadas en FNM fueron expropiadas en 1937 en una nacionalización no disputada de un sistema a partir del cual los propietarios privados ya no esperaban generar ganancias (Bach, 1939[2]). Las cinco vías ferroviarias regionales propiedad del Estado se consolidaron en FNM en 1987, que se compuso después legalmente por tres vías ferroviarias: Nacionales de México (NdeM), la mayor parte, Ferrocarril Chihuahua-Pacífico (Chepe) y Ferrocarril del Pacífico (FdelP).

A inicios de 1990, México estaba experimentando un problema en las vías ferroviarias similar al que presentaban otros países de América Latina. FNM ofrecía un mal servicio, no era muy productiva y presentaba un déficit de más de quinientos mil millones de dólares estadounidenses anuales. La respuesta del gobierno, similar a la que siguió en Argentina y Brasil, fue dividir FNM en partes independientes y ofrecerlas en concesiones para que fueran operadas por el sector privado. La estrategia fue acordada por una Comisión Interministerial para la Reestructuración establecida en 1995 (Gobierno de México, 1995[3]), basada en una revisión del gobierno que consideró un rango de opciones para reformar el sector ferroviario. El gobierno volvió su primera prioridad facilitar la inversión en las vías ferroviarias del sector privado dado que el sector público no estaba en una posición de proporcionar el financiamiento necesario (COFECE, 2016[4]).

Ley Reglamentaria del Servicio Ferroviario de 1995 y Concesiones ferroviarias de México

Concesiones de las vías ferroviarias

En 1995, el gobierno reformó las vías ferroviarias por estatuto a través de la Ley Reglamentaria del Servicio Ferroviario. Este estatuto estableció que la red ferroviaria nacional se dividiera en un número pequeño de concesiones exclusivas de vías ferroviarias de transporte de carga integradas verticalmente. El estatuto le otorga la responsabilidad regulatoria primaria a la Secretaría de Comunicaciones y Transportes (SCT). También se otorgan facultades específicas relativas a las tarifas ferroviarias y a los problemas de competencia a la Comisión Federal de Competencia Económica de México (COFECE). La ley es complementada con disposiciones más detalladas en regulaciones por el Estatuto de Servicios Ferroviarios publicado por la Secretaría en 2010, actualizado en 2011 y 2016.

La ley de 1995 autoriza a la SCT otorgar concesiones a compañías privadas para operar las líneas ferroviarias bajo las condiciones estipuladas por la Secretaría y dispuestas en los títulos de concesión. Los términos de acceso a la infraestructura ferroviaria son establecidos por tres elementos: la ley, los estatutos y los acuerdos de títulos de concesión, en conjunto. Los títulos de concesión tienen la importancia más práctica; véase por ejemplo el documento del título para la concesión del noreste, la primera que se emitió (SCT, 1997[5]). Las concesiones se emitieron entre 1997 y 1999 y todas siguen el mismo formato, con algunas variaciones en los contenidos de sus cláusulas. La ley limita los términos de concesiones iniciales a 50 años, con la posibilidad de extenderse por un máximo de 50 años adicionales (Allen, 2001[6]).

Las concesiones se diseñaron para maximizar el ingreso producido por la venta de las rentas y, por lo tanto, proporcionaron periodos largos de acceso exclusivo a los mercados. Los tres títulos de concesión principales establecen periodos exclusivos para la operación de servicios de carga en las líneas bajo concesión, inicialmente por 30 años. Las ventas produjeron aproximadamente USD 3 mil millones (a precios de 2014). Se creó competencia entre las concesiones para atender la Ciudad de México, Monterrey y el Puerto de Veracruz en la estructura de las redes bajo concesión.

Algunos derechos de uso de vías y de arrastre limitados también se incluyeron en los títulos de concesión, algunos para proporcionar competencia, la mayoría por razones operativas más prácticas. La mayoría están limitadas a productos específicos, rutas, itinerarios y pares de origen-destino específicos (excluyendo el transporte entre puntos intermedios). En la tabla 3.3 que figura a continuación se resumen los derechos incorporados en uno de los acuerdos de concesión, dando una indicación de la gama de fines para los que se establecieron los derechos. En algunos casos, permiten que plantas industriales específicas estén comunicadas por dos concesiones utilizando las vías de ambos para que, por ejemplo, un solo operador ferroviario pueda atender a todas las plantas de la compañía. En otros casos, proporcionan acceso a un parque o zona industrial a concesiones alternativas, algunas veces mencionando el objetivo explícito de fomentar la competencia entre las concesiones. Unas cuantas de estas incluyen segmentos largos de líneas troncales, otras incluyen acceso a patios de carga adyacentes, en algunos casos simplemente proporcionan servicios de cambio para el último tramo del tráfico interlineal. Algunos de los derechos garantizan la conexión con las vías ferroviarias estadounidenses a través de patios en los puntos de cruce fronterizos. Algunos de los derechos proporcionan alivio temporal de la congestión en las líneas troncales o acceso temporal a las instalaciones que se espera que replique la segunda concesión.

En tres casos, los derechos de uso de vías se incluyeron en los títulos de concesión para proporcionar derechos para interconectar líneas aisladas retenidas por una concesión sobre la líneas de otra concesión. Sobre el Ferrocarril del Istmo de Tehuantepec en el sur del país, se proporcionaron derechos de acceso general para las dos concesiones adyacentes para dar servicios sobre esta línea.

La naturaleza limitada de la mayoría de los derechos de uso de vías obligatorios se diseñó para proteger al mercado general de cada concesión y maximizar su valor. Las concesiones también permiten usar derechos de vías en una base voluntaria para gestionar las interrupciones y las secciones congestionadas de la vía (Regulación 107).

El gobierno decidió reestructurar la red ferroviaria nacional en tres redes grandes, regionalmente distintas de líneas troncales con una vía ferroviaria terminal compartida para la región metropolitana de la Ciudad de México (SCT, 1997[5]). Las tres concesiones principales son la del Noreste, Norte-Pacífico y Sureste, establecidas por órdenes promulgadas por el Gobierno (Gobierno de Mexico, 1996[7]). A pesar de la concentración geográfica de los activos, las concesiones no tienen derechos a un territorio geográfico sino solo a la red designada y a la superposición de redes. Siete concesiones de carga más pequeñas se establecieron en líneas con bajos niveles de tráfico, tres de las cuales se otorgaron a los principales titulares de concesiones. Las concesiones se otorgaron entre 1996 y 1999 y la transferencia a los nuevos operadores comenzó en 1997 y se completó en 1999 (ITF, 2014[8]).

Las tres concesiones principales se otorgaron de la siguiente manera.

- La línea del Noreste, dejada a Kansas City Southern de México (KCSM), inicialmente Transportación Ferroviaria Mexicana (TFM), que operaba la denominada *"golden line"* (línea de oro) de la Ciudad de México a Saltillo, Monterrey y la frontera estadounidense en Nuevo Laredo, junto con las líneas a los puertos del Golfo de Veracruz y Tampico y el puerto del Pacífico de Lázaro Cárdenas. La concesión representó el 19% de los kilómetros de ruta de la red nacional y más del 40% de las toneladas-km de carga transportadas y se vendió en USD 1.4 mil millones en junio de 1997 (Allen, 2001[6]). TFM también aceptó pagar 0.5% del ingreso operativo neto al gobierno en cada uno de los primeros 15 años y 1.5% para el resto de la concesión (Railway Gazette, 1997[9]). TFM fue un consorcio de la compañía naviera marítima más grande de México, Transportación Marítima Mexicana (TMM) y Kansas City Southern Industries, que compró TMM en 2005.

- Ferrocarril Mexicano (Ferromex) compró la concesión del Norte-Pacífico a finales de 1997, que cubre la costa del Pacífico y las rutas centrales de la Ciudad de México a cinco de los cruces fronterizos estadounidenses, con líneas de conexión de Torreón vía Monterrey al puerto del Golfo de Altamira y de Guadalajara al puerto del Pacífico de Manzanillo. Otros cuatro puertos del Pacífico son atendidos por la línea principal costera. Ferromex opera en la parte más grande de la red ferroviaria de México. La compañía es una subsidiaria del consorcio minero, Grupo México, la compañía más grande de México y la línea ferroviaria Union Pacific, que posee una participación del 26%. La concesión vendió un poco menos de la mitad del valor de la concesión del noreste, véase la Tabla 3.1. Ferromex también compró dos concesiones de carga más pequeñas: la concesión de Ojinaga-Topolobampo que corre de la frontera estadounidense a la costa del Pacífico y cruzando Ferromex dos líneas troncales norte-sur; y la concesión de Nacozari que conecta una mina en Sonora al punto de cruce fronterizo estadounidense de Ferromex en El Paso. También posee una concesión en el noroeste que administra principalmente servicios de pasajeros para turistas, la denominada línea *"El Chepe"* a través del Cañón del Cobre entre Chihuahua y Los Mochis. Ferromex también opera el servicio de pasajeros Tequila Express, principalmente para turistas, de Guadalajara a Amatitán.

- Ferrosur compró la concesión del sureste y la concesión de la línea secundaria del sur en 1998, operando las líneas del sur de la Ciudad de México a los puertos del Golfo de Veracruz y Coatzacoalcos. Ferrosur es un consorcio de intereses bancarios e industriales y fue adquirido por Ferromex por USD 245 millones en acciones en 2005 (véase la sección de Fusiones y Adquisiciones a continuación). Ferrosur recibió la concesión de Oaxaca y el Sur en 2005, pero para 2008 encontró antieconómica parte de la línea. La SCT retomó la concesión en propiedad del Estado en 2012 y recibió el Ferrocarril del Istmo de Tehuantepec en 2018.

El acceso al área metropolitana de la Ciudad de México y el Valle de México circundante cuenta con un acceso de vías neutral y una compañía terminal, Ferrocarril y Terminal del Valle de México (Ferrovalle), propiedad conjunta de KCSM, Ferromex, Ferrosur y el gobierno. Esta también aloja a un operador de pasajeros suburbano, el Ferrocarril Suburbano de la Zona Metropolitana del Valle de México, que se otorgó en concesión a Construcciones y Auxiliar de Ferrocarriles S.A (CAF) en 2005.

Las líneas ferroviarias de carga más pequeñas son las siguientes.

- Línea Coahuila-Durango (LFCD) en el centro y norte que brinda servicio a plantas de acero y minas, entre otras. La concesión se compró en 1998 por intereses de acero y mineros que incluyen Altos Hornos de México y Peñoles y ahora está bajo el control de Industriales Peñoles. Para la operación de las líneas se contrató a Ferrocarril Genesee y Wyoming (Middleton, Smerk and Diehl, 2007[10]).

- El Ferrocarril del Istmo de Tehuantepec (FIT) en el sur, que une al pequeño puerto del Pacífico de Salina Cruz con la red de Ferrosur en Medias Aguas (100 km al sur del puerto del Golfo de Coatzacoalcos). Esta es una vía ferroviaria propiedad estatal federal establecida en 1999. No opera trenes por sí misma pero proporciona derechos de uso de vía generales a otros operadores, principalmente Ferrosur. Las operaciones se rentaron inicialmente a la concesión de la Compañía de Ferrocarriles Chiapas-Mayab (FCCM) pero cambiaron a Ferrosur en 2007.

- La concesión de FCCM se otorgó en 1999, con una línea a través de la costa del Pacífico de Chiapas cerca del pequeño puerto del Pacífico de Salina Cruz a Guatemala y otro desde la refinería petrolera en el puerto del Golfo de Coatzacoalcos a la Península de Yucatán. La concesión incluye derechos de uso de vías para utilizar las líneas de Ferrosur y del Istmo entre Coatzacoalcos y Salina Cruz (vía Medias Aguas). La concesión la compró Ferrocarril Genesee and Wyoming, vendida a Viabilis Holdings en 2008 y retomada por el estado en 2016.

- La Vía Corta Tijuana-Tecate, que corre 50 km entre las ciudades de Tijuana y Tecate en la frontera con California. La línea ferroviaria es propiedad del estado de Baja California y operada por la Administradora de la vía corta Tijuana Tecate (Admicarga), que tiene planes de establecer una nueva línea al puerto de Ensenada.

Figura 3.1. La estructura inicial de concesiones en México

Fuente: (SCT, 2015[11]), *Anuario Estadístico Sector Comunicaciones y Transportes 2014*, http://www.sct.gob.mx/fileadmin/DireccionesGrales/DGP/estadistica/Anuarios/Anuario_2014.pdf (acceso el 3 de marzo de 2019).

Tabla 3.1. Precios de venta para las principales concesiones en México

Concesión	Longitud de los derechos de vía (km)	Cantidad (MXN actuales, año de venta)
Noreste	4 251	11 669 161 355
Norte-Pacífico	6 858	5 075 918 879
Sureste y Vía Corta del Sur (Ferrosur)	1 479	3 573 305 106
FERROVALLE	-	177 349 971
Coahuila y Durango	974	180 000 000
Istmo de Tehuantepec	207	627

Fuente: COFECE (2016[4]), *Reporte Preliminar sobre Competencia Efectiva en el Sistema Ferroviario*.

Los derechos de uso de vías obligatorios principales que se designaron en los anexos a los títulos de concesión para facilitar la interconexión se enumeran en la Figura 3.2, con el número total de derechos de acceso designados entre las concesiones enumeradas en la Tabla 3.4, en la siguiente sección.

Algunos de los derechos diseñados para promover la interconexión se implementaron sin retraso, atendiendo a plantas industriales específicas o conectando redes fragmentadas (el caso de Durango-Coahuila y Chiapas-Mayab). Sin embargo, hubo negociaciones detenidas entre las concesiones en términos de uso para muchos de los derechos. Los más significativos de estos derechos de uso de vías obligatorios detenidos fueron para que KCSM utilizara las vías de Ferromex de Mariscala (cerca de Querétaro) a Guadalajara (segunda ciudad de México) y dar acceso a Ferromex al segmento de KCSM que va de Viborillas a Ramos Arizpe, en la principal línea al norte de los centros industriales y comerciales de Saltillo y Monterrey. Las negociaciones sobre la implementación de estos derechos se prolongaron y no se resolvieron hasta 2011, en el contexto de la adquisición de Ferrosur por Grupo México, propietario de Ferromex.

Figura 3.2. Principales derechos de uso obligatorios especificados en los títulos de concesión

1. Viborillas-Ramos Arizpe	DPL-2	580
2. Mariscala-Guadalajara	DPL-1	349
3. Silao-Celaya	PN-9	95
4. Salina-Cruz-Medias Aguas	IT-1	207
5. Medias Aguas-Coatzacoalcos	S-2	110
6. Torreón-Escalón	PN-17	166
7. Ciudad Frontera-Sabinas	PN-13	246
8. Arellano-Chicalote	PN-11	25
9. Jalapa-Santa Fé	N-20	116
10. Ábol Grande-Altamira	PN-20	23
11. Sánchez-Puebla	S-7	150
12. Oriental-Puebla	S-4	80
13. Sta. Fé-Veracruz	S-1	14

Fuente: ARTF (2018[12]), *Anuario Estadístico Ferroviario 2017*, https://www.gob.mx/artf/acciones-y-programas/anuario-estadistico-ferroviario-2017-152797 (acceso el 31 de enero de 2018).

Fusiones y adquisiciones

Grupo México inicialmente propuso adquirir Ferrosur en 2002 pero la adquisición fue rechazada por la COFECE. En 2005, Grupo México compró Ferrosur por USD 300 millones, pero la adquisición contó con la oposición de KCSM y en 2006, la COFECE se pronunció en contra de la compra. La decisión fue apelada y un tribunal en 2011 por fin permitió avanzar en la adquisición, con Ferromex y KCSM aceptando los términos para ejercer los derechos de acceso en secciones críticas de vía sentando las bases para la aprobación. Por ejemplo, estos derechos establecen que la planta de automóviles de Honda en Celaya, entre Querétaro y Guadalajara, sea atendida por KCSM en un tramo corto de la vía de Ferromex. Grupo México posee ambas concesiones, pero Ferromex y Ferrosur retienen sus identidades separadas (y las concesiones por sí mismas permanecen separadas). Durante el mismo periodo, se autorizó a KCSM comprar a los otros inversionistas en TFM y ahora es el principal propietario de la concesión. Como resultado, México tiene ahora efectivamente dos grandes empresas de transporte ferroviario de mercancías - KCSM y Ferromex/Ferrosur - junto con las concesiones más pequeñas.

Tras el extenso daño del huracán en la línea de Chiapas en 2005, Genesee and Wyoming cesó operaciones y propuso devolver la concesión de Chiapas-Mayab a la propiedad del Estado en 2007. Esto fue rechazado por la SCT, que acusó al ferrocarril del Istmo de operar las líneas. La concesión se vendió a Viabilis Holding en 2008 y la duración de la concesión se extendió de 30 a 50 años en vista de la inversión requerida para reconstruir la línea de Chiapas, y la exclusividad de los derechos de concesión se extendieron de 18 a 30 años. La licencia de Viabilis se rescindió en 2016; sin embargo, se devolvió la concesión al Estado. Las líneas del Istmo y Chiapas-Mayab son importantes para los planes del desarrollo del sureste, la región más pobre de México. En 2018, el gobierno integró la vía ferroviaria de Chiapas-Mayab y la concesión de Oaxaca y Sur en la concesión del Istmo de Tehuantepec (Figura 3.3). Esto incluye los derechos de uso de vía generales de los 100 km de la línea de Ferrosur que une a la vía ferroviaria del Istmo de Medias Aguas a Coatzacoalcos (Gobierno de Mexico, 2018[13]).

Figura 3.3. Concesiones ferroviarias de México en líneas cortas en 2018

Fuente: ARTF (2018[12]), *Anuario Estadístico Ferroviario 2017*, https://www.gob.mx/artf/acciones-y-programas/anuario-estadistico-ferroviario-2017-152797 (acceso el 31 de enero de 2018).

Exclusividad

Las principales concesiones se otorgaron por 50 años. La Ley Reglamentaria del Servicio Ferroviario establece que las concesiones se otorguen por un máximo de 50 años con una opción de renovación en una o más etapas por un máximo de 50 años adicionales en total. La exclusividad para correr trenes en las redes en concesión se otorgó en los acuerdos de concesión para las tres vías ferroviarias troncales por periodos de 30 años, para proteger el valor de las concesiones y salvaguardar el incentivo para invertir en la infraestructura. Las concesiones más pequeñas se otorgaron por periodos de 30 años, con derechos exclusivos por 18 años, véase la Tabla 3.2.

La concesión del Norte-Pacífico de Ferromex se extendió cinco y medio años en 2017 como contraprestación para el refinanciamiento de un desvío de 25 km alrededor de la ciudad de Celaya (Gobierno de Mexico, 2017[14]). Los desvíos de las líneas Ferromex y KCSM que pasan por Celaya, para evitar las zonas centrales de la ciudad, formaban parte del plan nacional de inversiones en infraestructura del Gobierno para el quinquenio 2014-2018. Las inversiones debían financiarse con fondos públicos, sin embargo, tras el inicio de la construcción del desvío de la línea de concesión del Pacífico Norte, una fuerte caída de los precios del petróleo limitó gravemente las finanzas públicas, lo que llevó al Gobierno a buscar

68 |

un acuerdo de financiación alternativo con Ferromex. Los derechos exclusivos de la red en concesión se ampliaron de manera similar por cinco años y seis meses, hasta un total de 33.5 años.

Tabla 3.2. Periodos de concesión para transportación ferroviaria de carga en México

Concesión	Año de otorgamiento	Titulares de la concesión	Duración (años)	Extendida a (años)	Exclusividad (años)	Exclusividad extendida a (años)	Periodo exclusivo actual	Fin de la concesión actual
Valle de México	1996	FTVM	50		50		A 2046	2046
Noreste	1996	TFM; KCSM	50		30		A 2026	2046
Norte-Pacífico	Ta	Grupo Mexico, Ferromex	50	55.5	30	35.5	A 2033	2056
Línea corta Ojinaga-Topolobampo	1997	Grupo Mexico, Ferromex	50		30		A 2033	2056
Durango-Coahuila	1997	Industriales Peñoles	30		18		A 2015	2027
Sureste	1998	Ferrosur; Grupo Mexico, Ferrosur	50		30		A 2028	2048
Línea corta Nacozari	1999	Grupo Mexico, Ferromex	30					2029
Chiapas-Mayab	1999	Genesee & Wyoming	30		18			
		Viabilis		50		30	A 2029	2049
		Estado						Para someterse a licitación nuevamente
Istmo de Tehuantepec	1999	Estado	50		-			2049
Tijuana-Tecate	1999	Estado de Baja California	50		30		2029	2049
Servicio de pasajeros Cuautitlán-Buenavista	2005	Ferrocarriles Suburbanos	30					2035
Línea corta de Oaxaca y del sur	2006	Ferrosur; Estado	30		30		A 2036	2036

Fuente: SCT (2015[11])*Anuario Estadístico Sector Comunicaciones y Transportes 2014*, http://www.sct.gob.mx/fileadmin/DireccionesGrales/DGP/estadistica/Anuarios/Anuario_2014.pdf (acceso el 3 de marzo de 2019).

Derechos de uso de vías y arrastre obligatorios como excepciones a la exclusividad

Se contemplaron derechos de uso de vías y de arrastre en los anexos de los acuerdos de concesión como una excepción a la exclusividad otorgada al titular de la concesión. Estos derechos de uso de vías permiten a otro titular de concesión operar servicios de carga sobre las vías de la concesión. Las disposiciones para los derechos de uso de vías se estipularon de la siguiente manera:

- Se designaron derechos de uso de vía obligatorios en los acuerdos de concesión para titulares de concesión específicos para que fueran capaces de negociar acuerdos de acceso, principalmente por lugares, productos e itinerarios con la concesión relacionada en una base voluntaria. Las secciones de la vía involucradas son identificadas más o menos simétricamente en los acuerdos de concesión correspondientes, con el Anexo 9 que establece las obligaciones de la concesión para proporcionar derechos de uso de vías a otros y el Anexo 10 que estipula los derechos del titular de la concesión que espera disfrutar en otras partes de la red nacional (véase la Tabla 3.3, Tabla 3.4 y la Table 3.5).

- Se otorgó a la línea ferroviaria Coahuila-Durango derechos de uso de vías, para productos e itinerarios específicos, para operar trenes sobre una sección de la línea principal de Ferromex con el objetivo de unir las dos partes de su concesión.
- En el sur, la concesión de Chiapas-Mayab incluyó derechos de uso de vías generales para unir sus dos líneas usando la línea Ferrosur entre el puerto del Golfo de Coatzacoalcos y Medias Aguas y la línea ferroviaria del Istmo entre Medias Aguas y los puertos del Pacífico de Salina Cruz. Posteriormente, se otorgó a Ferrosur derechos de uso de vía generales para correr sus trenes sobre la línea ferroviaria del Istmo con el objetivo de llegar al puerto de Salina Cruz.

El gobierno se reservó el derecho en los acuerdos de concesión para asignar derechos de uso de vía adicionales para trenes de pasajeros. También tiene la posibilidad de asignar derechos de uso de vías y arrastre adicionales para trenes de carga en el interés público, condicionado por la viabilidad económica y técnica desde el punto de vista de la concesión, el tráfico internacional y basándose en la reciprocidad. Hasta el momento, no se ha especificado ninguna prueba de viabilidad económica ni se han realizado otorgamientos de derecho de uso de vía o arrastre. Estas disposiciones se establecen en el Artículo 1.4.2 de los acuerdos de concesión.

Los derechos de uso de vías generales aplicados a la línea ferroviaria del Istmo y Ferrosur en el sur se han utilizado con regularidad desde el otorgamiento de las concesiones. La línea ferroviaria de Coahuila-Durango realiza un uso regular de sus derechos a la vía de Ferromex pero los encuentra altamente restrictivos. Otros derechos de uso de vías y arrastre han demostrado ser problemáticos, sin embargo, se utilizan con regularidad, como lo ejemplifican las negociaciones prolongadas entre KCSM y Ferromex que se describieron en la sección previa.

El derecho exclusivo para transportar carga se ha convertido en una sola concesión, que finaliza en 2015 para la línea ferroviaria de Coahuila-Durango. No ha entrado otra concesión en los mercados servidos por esta línea ferroviaria.

Tabla 3.3. Derechos de uso de vía obligatorios asignados y recibidos en los títulos de concesión en México

Titular de la concesión	Derechos de uso de vía asignados (km)	Derechos de uso de vías recibidos (km)	Número de derechos de uso de vía recibidos	Derechos de uso de vías asignados más recibidos (km)
Grupo México	8 643	1 611	36	10 254
Ferromex	7 164	1 035	24	8 199
Ferrosur	1 479	575	12	2 054
KCSM	4 283	1 602	30	5 885
FIT	219	n.a.	1	219
Chiapas Mayab	1 550	n.a.	10	1 155
Coahuila Durango	974	304	2	1 278
FERROVALLE	297	45	1	342

Fuente: COFECE (2016[4]), *Reporte Preliminar sobre Competencia Efectiva en el Sistema Ferroviario Mexicano.*

Tabla 3.4. Derechos de uso de vías y de arrastre obligatorios incluidos en los títulos de concesión en México

Concesión	Obligaciones con otros titulares de concesión (número de derechos de uso)	Derechos a otras redes concesionadas (número de derechos de uso de vías)
Línea ferroviaria del noreste, bajo concesión a KCSM	11 Ferromex 6 Ferrosur 2 Línea ferroviaria de Hidalgo (Ferrosur) 1 FERROVALLE	11 Línea ferroviaria Norte-Pacífico (Ferromex) 3 Línea ferroviaria del Sureste (Ferrosur) 3 Línea ferroviaria del Sur (Ferrosur) 1 Línea ferroviaria del Valle de México (FERROVALLE)
Línea ferroviaria Pacífico-Norte, bajo concesión a Ferromex	7 KCSM 2 Coahuila-Durango 2 Línea ferroviaria de Nacozari (Ferromex)	11 Línea ferroviaria del Noreste (KCSM) 1 Línea ferroviaria del Valle de México (FERROVALLE) 1 Línea ferroviaria Coahuila-Durango
Línea ferroviaria de Nacozari, bajo concesión a Ferromex	2 Línea ferroviaria Norte-Pacífico (Ferromex)	2 Línea ferroviaria Norte-Pacífico (Ferromex)
Línea ferroviaria Ojinaga Topolobampo, bajo concesión a Ferromex	1 Línea ferroviaria Norte-Pacífico (Ferromex)	4 Línea ferroviaria Norte-Pacífico (Ferromex)
Línea ferroviaria del Sureste, bajo concesión a Ferrosur	2 KCSM 4 Chiapas y Mayab 2 Oaxaca y Sur 1 Vía Corta Tres Valles-San Cristóbal (Ferrosur)	4 Línea ferroviaria del Noreste (KCSM) 6 Línea ferroviaria del Valle de México (FERROVALLE) 1 Vía Corta Istmo de Tehuantepec (FIT) 1 Vía Corta del Sur (Ferrosur)
Línea ferroviaria del Valle de México, bajo concesión a FERROVALLE	7 KCSM 1 Ferromex 4 Línea ferroviaria del Sureste (Ferrosur) 1 Vía Corta del Sur (Ferrosur)	1 Línea ferroviaria del Noreste (KCSM)
Línea ferroviaria Coahuila-Durango	1 Ferromex (para trenes unitarios de combustible entre Torreón y Villa Juárez)	2 Línea ferroviaria Norte-Pacífico (Ferromex)
Líneas ferroviarias Chiapas y Mayab	Ninguna	Chiapas: 1 línea ferroviaria del Sureste (Ferrosur); 5 Línea de Ferrocarril del Istmo de Tehuantepec Chiapas y Mayab: 1 línea ferroviaria del Sureste
Línea de Ferrocarril del Istmo de Tehuantepec	1 Ferrosur 6 Chiapas y Mayab	1 Línea ferroviaria del Sureste (Ferrosur) entre Medias Aguas y Coatzacoalcos
Líneas ferroviarias del Sur y Oaxaca	1 Línea ferroviarias del Sureste (Ferrosur) 1 KCSM (para trenes unitarios y de vagones de carga)	2 Línea ferroviaria del Sureste (Ferrosur) 1 Línea ferroviaria del Noreste (KCSM)

Fuente: COFECE (2016[4]), *Reporte Preliminar sobre Competencia Efectiva en el Sistema Ferroviario Mexicano.*

Protección de transportistas cautivos

Para proteger transportistas cautivos, donde la COFECE determina una ausencia de competencia efectiva, la Ley Reglamentaria del Servicio Ferroviario (Artículo 47) establece que los transportistas soliciten la imposición de tarifas reguladas o que el regulador tome la iniciativa de imponer dichas tarifas.

Los títulos de concesión establecen que los derechos de uso de vías y de arrastre sean otorgados en cualquier parte de la red ferroviaria a solicitud de los usuarios, o usuarios potenciales, donde la COFECE determine la ausencia de competencia efectiva. Esto está sujeto al Artículo 3 de los títulos de concesión y se detalla en el Anexo 9 de cada concesión. Estos derechos pueden sustituir las tarifas reguladas estipuladas en la Ley. Dichos derechos de uso de vías y de arrastre son específicos al trayecto y los productos para los cuales se considera que no existen alternativas viables y aplican a un origen y destino específicos, por lo que no pueden atenderse puntos intermedios. Pueden asignarse a las vías de una concesión solo después de que haya transcurrido un periodo de 20 años desde el otorgamiento de la concesión y entran en vigor un año después de la decisión de otorgar los derechos de uso de vías o de arrastre.

La protección de los transportistas cautivos por esta cláusula del título de concesión es una alternativa a la facultad general del regulador para imponer tarifas en situaciones donde no existe competencia efectiva, para la cual no aplica el periodo de excepción de 20 años. La COFECE (2016[4]) interpreta el periodo de excepción de 20 años del ejercicio de estos derechos de uso de vías y de arrastre como concesiones con excepciones a partir de la aplicación de tarifas reguladas bajo el Artículo 47 de la Ley Reglamentaria del Servicio Ferroviario, lo que parecería contrarrestar la intención de la Ley. Independientemente de la orientación de estos puntos de vista, la ARTF enfrentará un incremento en la demanda de sus funciones y recursos dado que el periodo de 20 años de exclusividad expirará relativamente pronto para la mayoría de las concesiones (véase la Tabla 3.2).

Table 3.5. Ejemplo de derechos de uso de vías y de arrastre en los títulos de concesión en México: Concesión Norte-Pacífico

Derechos (válidos desde el inicio de la concesión por su duración, a menos que se especifique de otra manera)	Válido desde	Periodo de validez	Utilizado desde (a)
Obligaciones impuestas en el Anexo 9 de la concesión sobre el titular para otorgar derechos a otros operadores de trenes:			
Derechos de uso de vías para la línea ferroviaria del Noroeste			
Mariscala-Guadalajara para trenes de vagones de carga con origen/destino en la zona industrial de Guadalajara, con el objetivo de incrementar la competencia riel sobre riel.	12 meses después del otorgamiento de la concesión	Al final del periodo de la concesión	
Pedro Morales-Cerro La Silla para trenes de vagones de carga, principalmente con transporte de combustible.			
Topo Grande-Chipinque para movimientos entre la plataforma de Monterrey y Chipinque para formar trenes usando la línea a Torreón.			
Celaya-Silao para trenes unitarios para la industria automotriz para atender a General Motors.			
Árbol Grande-Altamira para proporcionar acceso a Ciudad Madero, Altamira y Miramar (en la conurbación de Tampico en la costa del Golfo).			
Arellano-Chicalote para dar servicio a Nissan en Arellano con trenes unitarios y permitir el intercambio de vagones en Aguascalientes.			
Viborillas-Huehuetoca para la operación de trenes con contenedores apilados y/o trenes de automóviles multinivel para alturas permitidas por las catenarias en la línea de contenedores apilados entre la Ciudad de México y Querétaro.	Inicio de la concesión del Noreste	2 años	
Derecho de uso de vías para la línea ferroviaria Nacozari			
En secciones de la línea de Nogales para trenes que requieren el intercambio con la línea ferroviaria Norte-Pacífico (Ferromex) en Nogales o en la frontera con línea ferroviaria Union Pacific Southern Pacific.			
Nogales-Guaymas para trenes unitarios de ácido sulfúrico o minerales para exportación.			
Derechos de uso de vías para la línea ferroviaria Coahuila-Durango			
Sabinas-Ciudad Frontera para trenes unitarios que transportan carbón y coque entre Barroterán y Sabinas.			
Torreón-Escalón para trenes unitarios que transportan mineral de hierro.			

Derechos (válidos desde el inicio de la concesión por su duración, a menos que se especifique de otra manera)	Válido desde	Periodo de validez	Utilizado desde (a)
Derechos de uso de vías para la línea ferroviaria Ojinaga-Topolobampo			
Tabaloapa-Chihuahua para dar acceso al patio de desviación y la terminal intermodal a la vía ferroviaria Norte-Pacífico (Ferromex)			
Chihuahua-Ciudad Juárez, cabeza de etapa ferroviaria de la línea ferroviaria Burlington Northern Santa Fe y enlace con la cabeza de etapa ferroviaria de la línea ferroviaria Union Pacific Southern Pacific para el intercambio de vagones con las líneas ferroviarias estadounidenses.			
Patio de Sufragio para trenes que necesitan la estación de pesaje en el patio, hasta la instalación de una estación de pesaje en la línea ferroviaria Ojinaga-Topolobampo.	Inicio de la concesión Ojinaga-Topolobampo	Un año	
Derechos de uso de vías y de arrastre en toda la red			
A solicitud de los usuarios o usuarios potenciales donde se determina una ausencia de competencia efectiva bajo el Artículo 47 de la Ley Reglamentaria del Servicio Ferroviario. Estos derechos pueden sustituir las tarifas reguladas estipuladas en la Ley. Dichos derechos son específicos para el trayecto y los productos para los cuales se considera que no existen alternativas viables y aplican a un origen y destino específico por lo que no pueden atenderse puntos intermedios.	20 años después del otorgamiento de la concesión. Y un año después de que se otorgaron los derechos.	Al final de la concesión	Ninguno
Otorgado por el gobierno, SCT (ahora ARTF).	5 años después del otorgamiento.	Al final de la concesión	
Derechos otorgados en el Anexo 10 de la concesión para ejercer los derechos en las líneas de otros operadores de tren:			
Línea ferroviaria del Noroeste			
Viborillas-Encantada para trenes con vagones de carga para utilizar la línea B que conecta el tráfico en Querétaro y la Ciudad de México (junto con el siguiente derecho de uso de vías).	12 meses después del otorgamiento de la concesión de Noreste	Al final de la concesión	
Ramos Arzipe-Encantada para trenes unitarios con origen/destino en Rojas, Saltillo o Encantada para utilizar las líneas B y BS.			
Patio de carga Topo Grande-Monterrey-Cerro La Silla para proporcionar acceso al patio de Monterrey y a las líneas de conexión con Torreón y Tampico.			
Apodaca-Matamoros para dar servicio a la zona industrial de Lagrange y Apodaca con trenes de vagones de carga.			
Patio de carga Monterrey-Leona para dar servicio a la zona industrial de Leona con trenes con vagones de carga,			
Tampico-Árbol Grande-Doña Cecilia para trenes con vagones de carga con origen o destino en Tampico o Doña Cecilia.			
La Griega-Mariscala en la línea doble electrificada de Juárez y Morelos para todos los trenes. Para la sección de Hércules a Mariscala solo duración de 3 años.			
Celaya-Escobedo para acceder al patio de intercambio de Escobedo.			
Buenavista-Huehuetoca para trenes con origen o destino en Buenavista, Pantaco, Terminal Valle de México y Lechería.			
San Juan del Río-San Nicolás para trenes con vagones de carga para tener acceso a la zona industrial de San Juan del Río			
La Griega-Huehuetoca para el uso de la línea doble electrificada en caso de congestión en la Línea B.	Inicio de la concesión del Noreste	2 años	
Línea ferroviaria del Valle de México			
4 secciones de línea para tráfico con origen o destino en Pantaco, Valle de México y Lechería que necesita utilizar las líneas A o B.			
Línea ferroviaria Coahuila-Durango			
Torreón-Villa Juárez para trenes unitarios que transportan combustibles.			

Derechos (válidos desde el inicio de la concesión por su duración, a menos que se especifique de otra manera)	Válido desde	Periodo de validez	Utilizado desde (a)
Derechos de uso de vías y de arrastre en toda la red			
Derechos de uso de vías y de arrastre con solicitud a la SCT (ahora la ARTF) en conformidad con la Ley Reglamentaria del Servicio Ferroviario y donde no prevalezca ninguna otra limitante al otorgamiento de dichos derechos.	Fecha del otorgamiento	Al final de la concesión	Ninguno

Fuente: Anexos a la concesión Norte-Pacífico del Gobierno de México (1997[15]), *Concesión otorgada en favor de Ferrocarril Pacífico-Norte, S.A. de C.V., respecto de la Vía corta Ojinaga-Topolobampo,* http://www.dof.gob.mx/nota_detalle.php?codigo=4903433&fecha=11/12/1997CONCESION otorgada en favor de Ferrocarril Pacífico-Norte, S.A. de C.V., respecto de la Vía corta Ojinaga-Topolobampo disponible al público en formato diferente en la COFECE (2016[4]), *Reporte Preliminar sobre Competencia Efectiva en el Sistema Ferroviario Mexicano.*

Derechos de usos de vías negociados además de aquellos obligatorios en los títulos de concesión

Desde que se otorgaron las concesiones, los titulares de las mismas han acordado de mutuo acuerdo una serie de derechos de vía adicionales. Ferromex ha concedido a KCSM algunos derechos de vía que extienden los incluidos en los títulos de concesión a zonas adyacentes en cuatro casos. KSM ha concedido privilegios muy limitados de naturaleza similar a Ferromex en dos casos y derechos que ayudan a descongestionar las líneas en un área metropolitana en un caso. Ferrosur otorgó a Chiapas-Mayab derechos de uso de 420 km de sus vías (COFECE, 2016[4]).

Enmiendas a la Ley del 2015 y establecimiento de la Agencia Reguladora del Transporte Ferroviario

Objetivos de la red

Las reformas ferroviarias de 1995 alcanzaron una recuperación completa en el desempeño del sector ferroviario mexicano (ITF, 2014[16]). Concesiones lucrativas reemplazaron una línea ferroviaria administrada por el Estado que operaba a un déficit grande y creciente. Los titulares de concesiones invirtieron en material móvil ferroviario e infraestructura, mejorando enormemente los servicios de carga y facilitando el crecimiento económico y en particular un gran volumen de inversión interna en la industria automotriz.

Sin embargo, el uso incompleto de derechos de uso de vías y de arrastre estipulados en los acuerdos de concesión puede indicar un potencial no explotado para mayores mejoras en la eficiencia y calidad del servicio. El Artículo 35 de la ley de 1995 establece los servicios de interconexión entre las concesiones a través del uso de estos derechos y existieron críticas de que el sistema no estaba funcionando conforme a lo propuesto como una red nacional. La insatisfacción se exacerbó con la incapacidad de las concesiones para acordar los términos para el uso de algunos de los derechos de uso de vías obligatorios más prominentes en los acuerdos de concesión y el rechazo posterior en la corte de las condiciones impuestas por la SCT para usar estos derechos. Algunos transportistas también vieron la capacidad de las autoridades para implementar la protección de tarifas abusivas proporcionada por el Artículo 47 de la ley como inadecuada. Al mismo tiempo, se rechazaron las propuestas para cesar la operación de algunas líneas de carga no lucrativas, por ejemplo, la que atravesaba la Ciudad de Oaxaca que fue rechazada por el gobierno, ya que contrarrestaba los objetivos de desarrollo nacionales; así como el final de los servicios de pasajeros en todas salvo en tres líneas fue lamentada por el público y percibida por personas menos familiarizadas con los mercados ferroviarios como un signo de fracaso.

Esto condujo a una serie de enmiendas a la ley de 1995, propuesta en 2013 por legisladores en la Cámara de Diputados. El refuerzo de las disposiciones para utilizar los derechos de uso de vías se propuso en conjunto con los derechos adicionales para tener acceso a las redes en concesión. De haberse adoptado todas las propuestas, la erosión resultante de la explosividad podría haber visto reducido el valor de las concesiones de manera significativa, lo que pondría en riesgo inversiones futuras de los titulares de las concesiones principales. Tras una discusión en el Senado en 2014, se descartaron las propuestas para derechos de acceso adicionales, reteniendo las enmiendas para reforzar las cláusulas existentes en la ley y añadiendo propuestas para incrementar la capacidad del Gobierno para implementar derechos de uso de vías y protección de tarifas a través del establecimiento de la Agencia Reguladora del Transporte Ferroviario (ARTF). Estas enmiendas fueron adoptadas y la ley fue modificada en 2015. Hubo más modificaciones a la ley, adoptadas en 2016 y 2018, lo que añadió precisión sobre los procedimientos para notificar información regulatoria a la Agencia.

Las enmiendas de 2015 realizan algunas adiciones significativas a los objetivos de la ley, que se estipulan en el Artículo 1, añadiendo garantía de interconexión entre las líneas ferroviarias, el establecimiento de condiciones de competencia en los servicios ferroviarios y eficiencia operativa. Aunque la interconexión y la competencia pueden mejorar la eficiencia operativa, también pueden resultar difíciles de reconciliar con la recuperación de los costos de inversión en la infraestructura. La obligación más importante de la ARTF es encontrar el equilibrio más efectivo entre estos objetivos para fomentar el desarrollo a largo plazo de servicios ferroviarios sustentables y de alta calidad. Lograr este equilibrio resulta un desafío en todas las jurisdicciones y es la razón por la cual los reguladores ferroviarios especializados se han establecido en muchos países, como ente adicional a las autoridades en competencia. Aunque ahora se indica claramente la importancia de percibir al sistema ferroviario como una red nacional en la ley y de fomentar los servicios de interconexión a través de las concesiones, sigue siendo esencial la eficiencia y la preservación de los incentivos para la inversión privada a partir de las concesiones.

Tarifas y competencia

Los grandes costos fijos y los costos marginales relativamente bajos del transporte ferroviario significan que el uso más eficiente del sistema se realiza cuando la carga se cobra en relación inversa a la elasticidad de su precio. Es decir, la carga que no se puede transferir fácilmente al transporte por carretera o marítimo se cobra en la medida que pueda soportar mientras siga siendo competitivo en el mercado, mientras que la carga que puede cambiarse fácilmente se cobra más cerca del costo marginal del transporte. Diferenciar el cobro de esta manera para recuperar costos y proporcionar una ganancia razonable maximiza el valor del servicio ferroviario para la sociedad en general. Este resultado lo demostró un siglo atrás el economista Frank Ramsey y se desarrolló en la base para regular los precios cobrados por monopolios naturales 30 años más tarde por Marcel Boiteux (Ramsey, 1927[17]) (Boiteux, 1956[18]). Esto sienta la base para la regulación de las tarifas ferroviarias en México y el resto de Norteamérica y muchos otros países.

Podría decirse que un solo operador ferroviario a lo ancho de la red podría ser más eficiente, pero los grandes mercados pueden respaldar la competencia en los servicios ferroviarios, y la competencia es la manera más efectiva de moderar los precios y mejorar los servicios. Esto está integrado en la estructura de las concesiones mexicanas, donde dos concesiones atienden a los mercados más grandes y en el Valle de México la concesión de propiedad conjunta proporciona igual acceso a las 3 concesiones. En EE.UU., el Consejo de Transporte Terrestre bajo la presión del Departamento de Justicia introdujo una moratoria sobre las fusiones entre las Ferroviarias de Clase 1 de EE.UU en 2000 para preservar este tipo de reglas en materia de competencia riel a riel en 2001. La moratoria puso a los solicitantes de la fusión la responsabilidad de la prueba de que el efecto de una fusión sería competitivo en lugar de anticompetitivo (Pittman, 2017[19]). En el resto de la red mexicana, el derecho exclusivo para proporcionar servicios ferroviarios permite a las líneas ferroviarias aplicar la determinación de precios Ramsey-Boiteux y cubrir los costos de manera eficiente.

En contraste en la mayor parte de Europa, las líneas ferroviarias cobran precios de carga cerca del costo marginal y abren disposiciones de acceso en conformidad con la ley de la Unión Europea de promover una competencia más atomística para transportar carga. Esta es la posible causa por la cual el transporte de carga contribuye poco o casi nada a los costos fijos en la mayor parte de Europa (véase la Tabla 3.6 para un ejemplo del Reino Unido). Los trenes de pasajeros son el principal usuario de la mayoría de las redes ferroviarias en Europa; tienen prioridad sobre la carga que a menudo se relega a itinerarios fuera de las horas pico y líneas secundarias. El tráfico de pasajeros cubre costos fijos, a un mayor o menor grado, con una gran parte de costos de infraestructura cubiertos por presupuestos gubernamentales. En principio, ninguna carga se transporta por debajo del costo marginal, pero ha sido políticamente controversial en ocasiones cobrar costos de desgaste natural a trenes pesados que transportan, por ejemplo, acero. Un ejemplo, cuando la línea de carga Betuwe que atiende Rotterdam abrió en 2007, el Ministro de transporte intervino para reducir los precios por debajo de los costos marginalespara las cargas más, y fue obligado por el regulador a proporcionar una compensación al administrador de la infraestructura por la pérdida de ingresos. Una Oficina de la Auditoría General nacional informa que el Ministerio gastó EUR 17 millones entre 2006 y 2013 para compensar tarifas menores e incentivos tarifarios (Algemene Rekenkamer, 2016[20]).

La Oficina de Regulación Ferroviaria del Reino Unido (ahora Oficina de Trenes y Carreteras, ORR), en 2006, revisó las oportunidades de cobrar un aumento sobre el costo marginal en la transportación de carbón y otras cargas pesadas. El objetivo era ayudar a cubrir los costos fijos cobrando más en los mercados que habían tenido crecimiento. No obstante, la ORR encontró los mercados demasiado frágiles para sostener dichos cargos y concluyó que el operador determinaría mejor las elasticidades de demanda que el regulador. La contribución de la carga a los ingresos totales de Network Rail, el operador de la infraestructura en el Reino Unido es solo alrededor del 0.5%, véase la Tabla 3.6. Los resultados preliminares de la revisión periódica realizada por ORR, de los últimos 5 años de los planes de negocio de Network Rail, publicada en junio de 2018, confirman que no incrementará la contribución del flete ferroviario. La ORR propone que los cargos variables de acceso a la red para los fletes tengan un tope, de modo que sólo aumenten para reflejar los costos totales del desgaste de la red (como lo exige la legislación) hacia el final del período de control, que va de 2024 a 2029 (ORR, 2018[21]).

Tabla 3.6. Ingreso de Network Rail en Inglaterra y Gales

2011-12

Fuente	Ingreso, precios 2011-12 (miles de millones de GBP)	Participación (%)
Pasajeros	7.2	58
Operaciones comerciale como talleres y parques de carros	1.3	10
Subsidio de contribuyentes	4.0	32
Carga	0.064	0.5
Total	**12.5**	**100**

Fuente: ORR (2013[22]), *Periodic Review 2013*, http://orr.gov.uk/rail/economic-regulation/regulation-of-network-rail/price-controls/periodic-review-2013/pr13-guide/about-pr13 (acceso el 10 de marzo de 2019).

La determinación de precios por Ramsey-Boite es el punto de partida para cobros eficientes, donde los servicios ferroviarios de carga deben cubrir el costo total de la red, como en México, Canadá, y EE.UU.. Los reguladores pueden necesitar intervenir para proteger a los transportistas cautivos y promover la interconexión, pero esto debe realizarse caso por caso ya que no existe una fórmula de determinación de precios alternativa simple que pueda aplicarse a través de la red.

Responsabilidades para la regulación económica

La Ley Reglamentaria del Servicio Ferroviario enmendada asigna obligaciones específicas a la ARTF en el Artículo 6 Bis. La ARTF es responsable de garantizar la interconexión y de establecer condiciones de acceso y cobros de interconexión cuando las concesiones sean incapaces de llegar a un acuerdo sobre los derechos de uso de vías o de arrastre. La ARTF también está a cargo de recopilar información y desarrollar herramientas para estar en la postura de ejercer su autoridad.

El Artículo 36 de la ley requiere que los titulares de concesiones proporcionen a otros titulares de concesiones servicios de interconexión y derechos de uso de vías o de arrastre asociados como contraprestación para una compensación justa. La ARTF es responsable de establecer los derechos de acceso y los cargos donde estos no se acuerden de forma voluntaria.

El Artículo 36 de la ley estipula que la Agencia debe establecer los derechos de uso de vías obligatorios en rutas específicas cuando la COFECE encuentre una ausencia de competencia efectiva en un área específica. Estos derechos serán para productos específicos y puntos de origen y destino específicos. Las condiciones impuestas deben considerar los principios reconocidos internacionalmente y la Agencia puede consultar con la COFECE para realizar su determinación.

El Artículo 36 también otorga a los transportistas el derecho de elegir, cuando se involucre el transporte sobre las líneas de dos concesiones, entre pagar las tarifas establecidas independientemente por los dos titulares de las concesiones para cada parte de la ruta o una tarifa establecida para la totalidad de la ruta por uno u otro de los titulares de la concesión. La ley omite especificar qué acción podría tomar un transportista si ninguna concesión propone una tarifa o si las propuestas son inaceptables, y no se identifica una función para la Agencia (o para la COFECE) en la ausencia de un acuerdo. Esta es una brecha en la legislación que debe cerrarse.

El Artículo 46 estipula que las concesiones establezcan las tarifas libremente. Esto es esencial para la sustentabilidad financiera, liberar las tarifas de los controles fue el único factor más importante en la recuperación de las líneas ferroviarias de carga en EE.UU. tras la reforma de 1980 bajo la Ley Staggers. Aproximadamente la mitad de toda la carga en México es transportada bajo contratos negociados confidencialmente. En Estados Unidos la proporción es mayor.

El Artículo 47 proporciona protección de tarifas abusivas para transportistas cautivos, lo que requiere que la agencia establezca por su cuenta o a solicitud de una parte afectada, la base para las tarifas reguladas en casos donde la COFECE identifique una ausencia de competencia efectiva.

En julio de 2018, la Agencia emitió una propuesta de tarifas para transportistas cautivos para recibir comentarios de los actores interesados. La base para las tarifas eventualmente acordada bajo esta propuesta podría también establecer la base para los cargos de acceso bajo los Artículos 35 y 36 de la ley. Esto llenará una brecha en las herramientas para implementar los derechos de acceso estipulados en la ley.

Al mismo tiempo, la primacía otorgada al acuerdo voluntario por la ley, las circunstancias limitadas en las que la Agencia puede intervenir y el procedimiento que seguirá para identificar circunstancias específicas en las cuales la competencia (por tren y carretera) es insuficiente, protege las concesiones de una interferencia indebida en su libertad para establecer los precios.

Enmiendas adicionales a la Ley Reglamentaria del Servicio Ferroviario

En junio de 2016, el Artículo 8 Bis se añadió a la Ley Reglamentaria del Servicio Ferroviario. Establece que para otorgar títulos de concesión nuevos o extensiones, la Secretaría de Comunicaciones y Transportes debe entregar a la Secretaría de Finanzas un informe con la rentabilidad económica del proyecto, junto con los documentos de apoyo. El documento debe incluir la contribución regulatoria que debe ser pagada por el concesionario. La Secretaría de Finanzas tendrá 30 días naturales para aprobarlo o rechazarlo. Asimismo, el proyecto tendría que ser registrado en la lista de programas y proyectos de inversión de la Secretaría de Finanzas cuando considere la inversión pública como parte del financiamiento del proyecto.

Las enmiendas de 2018 de la ley incluyen modificaciones al Artículo 46 relativas a la sección de tarifas. Ahora todas las modificaciones a las tarifas máximas tendrán que registrarse previamente con la ARTF detallando el servicio que se proporcionará para cada una, con excepción de aquellas acordadas entre los concesionarios y los usuarios. Estas deben estar disponibles en todo momento para la Agencia. Los concesionarios tendrán que registrar con la Agencia, la lista de servicios y cargos y sus reglas de aplicación.

Con el fin de modificar la tarifa máxima, el concesionario tendrá que justificarla, y la Agencia será capaz de proporcionar sus recomendaciones. Cuando la agencia considere conveniente, puede solicitar la opinión de la COFECE en términos de competencia.

Práctica internacional sobre regulación y gobernanza del sector ferroviario

La práctica internacional para establecer los principios para regular las tarifas y los derechos de uso de vías resulta relevante y se estipula en la Ley Reglamentaria de Servicio Ferroviario como un factor que debe tomar en cuenta la ARTF al tomar decisiones regulatorias. Dada la estructura de las ferroviarias en México y la dominancia del transporte de carga, EE.UU. y Canadá son las jurisdicciones más relevantes para la comparación. No obstante, existen dos diferencias significativas entre México y los otros sistemas ferroviarios de Norteamérica. Primero, las vías ferroviarias estadounidenses y canadienses no tienen contratos con el gobierno para definir derechos específicos de las vías ferroviarias y los reguladores pueden implementar remedios regulatorios independientemente de tales consideraciones. La regulación mexicana tendrá que buscar un balance entre hacer cumplir los derechos y obligaciones contractuales y la capacidad para regular la conducta en otros terrenos. Segundo, la división modal en el transporte de carga tiene un peso más fuerte hacia los camiones en México que en EE.UU. o Canadá, véase la Figura 3.4. La mayoría de las concesiones mexicanas enfrentan más competencia con camiones que las vías ferroviarias estadounidenses o canadienses, reduciendo el rango de situaciones donde es probable que no exista una competencia efectiva. La mezcla de bienes de consumo en México es mucho más susceptible a la competencia con los camiones que en Estados Unidos o Canadá, véase la Figura 3.5. El punto de partida para la regulación es inherentemente diferente en México debido a que la suposición subyacente de competencia efectiva válida en la mayoría de los mercados en EE.UU., será incluso más prevaleciente en México.

La regulación estadounidense y canadiense refleja las implicaciones de los costos fijos relativamente altos y de los bajos costos marginales en la prestación de servicios ferroviarios. Si las ferroviarias deben recuperar sus costos fijos deben ser capaces de cobrar tarifas que, en total, se alejen lo suficiente de los costos marginales para crear una diferencia entre los costos marginales y costos fijos. Esto ha resultado en un enfoque de determinación de precios Ramsey a las tarifas ferroviarias en EE.UU. y Canadá, lo que significa que cada transportista paga precios que están por encima de los costos marginales conforme lo permita su elasticidad del precio de demanda, limitada por el potencial de que los reguladores intervengan para evitar el abuso del poder del mercado y una discriminación indebida por razones ajenas al mercado. El enfoque estadounidense ha conducido a un amplio rango de tarifas promedio por bien de consumo y de razones de ingresos respecto al costo variable (véase la Figura 3.6). No obstante, observe que la metodología utilizada por el regulador estadounidense para medir los costos variables se ha sometido a una intensa crítica, véase, por ejemplo, (McCullough, 2008[23]) y (Huneke, 2017[24]).

Figura 3.4. Comparaciones internacionales de la participación ferroviaria de ton-km (%) por tren vs. camión

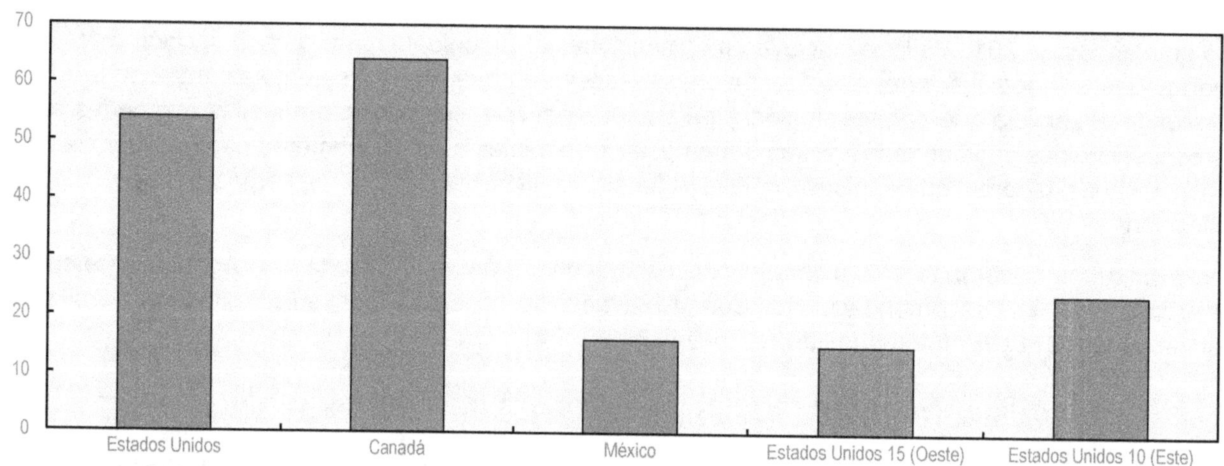

Fuente: AAR (2019[25]), *Rail Traffic Data*, Association of American Railroads, https://www.aar.org/data-center/rail-traffic-data/ (acceso el 5 de marzo de 2019); RAC (2013[26]), *2014 Rail Trends*, https://www.railcan.ca/wp-content/uploads/2016/10/2014_RAC_RailTrends.pdf (acceso el 5 de marzo de 2019); SCT (2015[11]) *Anuario Estadístico Sector Comunicaciones y Transportes 2014*, http://www.sct.gob.mx/fileadmin/DireccionesGrales/DGP/estadistica/Anuarios/Anuario_2014.pdf. (acceso el 3 de marzo de 2019). ITF (2018[27]), *ITF Transport Statistics-Goods Transport*, http://dx.doi.org/10.1787/trsprt-data-en.

Figura 3.5. Distribución de bienes por ferrocarril en Norteamérica

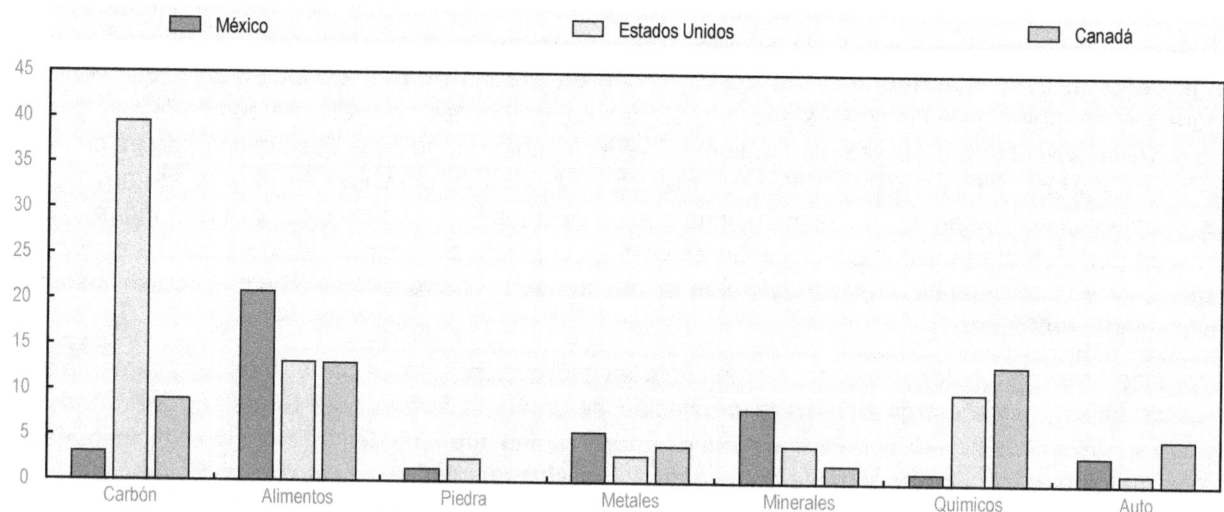

Nota: México y los Estados Unidos se indican en % de toneladas y Canadá en % de vagones completos.
Fuente: STB (2018[28]), *Statistics of Class 1 Freight Railroads*, https://www.stb.gov/Econdata.nsf/M%20Statistics%20of%20Class%201%20Feight%20RR?OpenPage (acceso 5 de marzo de 2019); RAC (2013[26]), *2014 Rail Trends*, https://www.railcan.ca/wp-content/uploads/2016/10/2014_RAC_RailTrends.pdf (acceso el 5 de marzo de 2019); SCT (2014[29]), *Anuario Estadístico, Sector Comunicaciones y Transporte 2013*, http://www.sct.gob.mx/fileadmin/DireccionesGrales/DGP/estadistica/Anuarios/Anuario-2013.pdf.

La Figura 3.6 aclara que existe un amplio rango de precios (ingreso/tonelada-km) y razones de cobertura de costos fijos en el sistema ferroviario estadounidense general en la actualidad. Por ejemplo, los alimentos viajan a una razón promedio de 168%, muy por debajo del 180% que, en promedio, reflejaría la cobertura total de los costos fijos. Si la razón de los alimentos se incrementara al 180%, tendría que cobrarse más a parte del tráfico, incrementando precios al consumidor de los alimentos y algunos ya sea que no se moverían o se verían forzados a cambiarse a camiones, lo que nuevamente incrementaría los precios. En contraste, los químicos se mueven a una razón de 234%. Por supuesto, a la industria química le gustaría pagar menos, pero el hecho es que los precios cobrados no ponen precio al tráfico fuera del mercado o vuelven a la industria química no competitiva, y la determinación de precios asegura que, entre otras cosas, el tráfico de alimentos pueda moverse al 168% sin colapsar las finanzas de las vías ferroviarias. Observe que la Figura 3.6 se basa en los ingresos enmascarados que, en promedio, son alrededor del 25% mayores que los ingresos reales, a pesar de que el porcentaje excesivo varía entre 10% y 50% dependiendo del bien de consumo. La importancia básica de la figura es el amplio rango de precios y que permanece la variación en las razones de cobertura.

Figura 3.6. Estructura tarifaria de carga ferroviaria estadounidense con ingresos enmascarados

Centavos de EE.UU./tonelada-km y razón en porcentaje, 2016

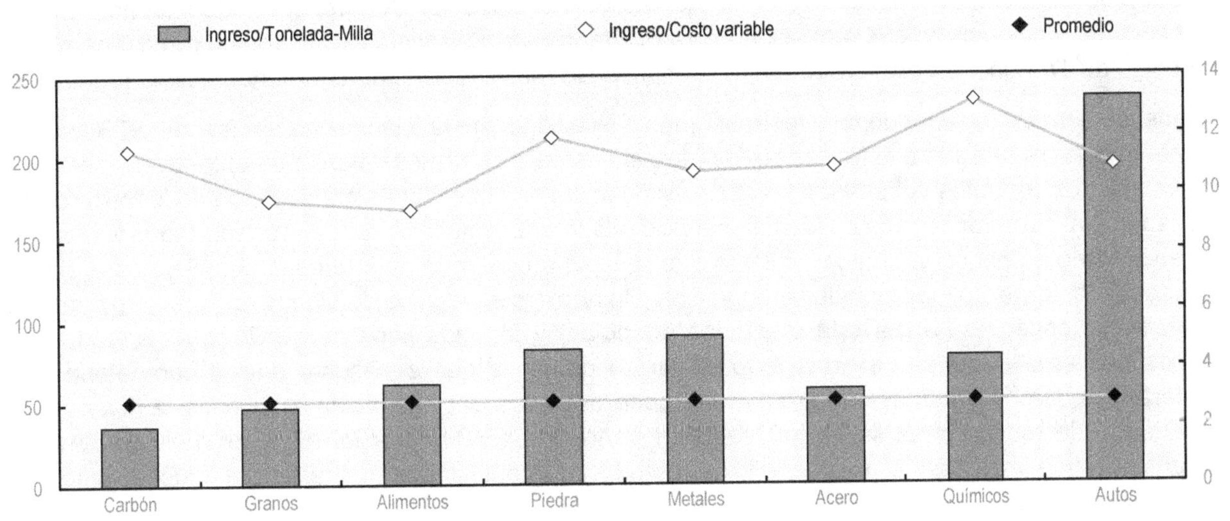

Fuente: STB (2019[30]), *Carload Waybill Sample* (nivel de 2 dígitos STCC), https://www.stb.gov/stb/industry/econ_waybill.html (acceso el 6 de marzo de 2019).

Metodologías estadounidenses

Los gobiernos de EE.UU. y Canadá han adoptado un enfoque hacia la regulación que acepta los principios de determinación de precios Ramsey y que se enfoca en tratar de limitar el abuso del poder de mercado en circunstancias donde existe poder del mercado (en Estados Unidos), o en proporcionar herramientas regulatorias a los transportistas como un arbitraje de oferta final, interconexión, o quejas del nivel de servicio (en Canadá) para equilibrar las relaciones entre los transportistas y las ferroviarias.

En Estados Unidos esto se realiza principalmente regulando tarifas específicas donde se encuentre que exista abuso de parte de un transportista cautivo particular, definido como un transportista que carece de alternativas económicas, intramodales o intermodales, a la ferroviaria que brinda servicio. En otras palabras, se permite a las ferroviarias, y de hecho se espera que ajusten sus precios (discriminar o participar en una determinación de precios diferencial) entre los transportistas en las tarifas aplicadas, incluyendo para el transporte de los mismos bienes de consumo, con el fin de ser capaz de cubrir los costos y operar obteniendo una ganancia en general.

El enfoque estadounidense hacia la regulación ferroviaria se originó en 1887 con la creación de la Comisión Interestatal de Comercio (ICC). Basándose en la reacción populista a los abusos de los "Barones ferrocarrileros" a mediados de 1800, los precios ferroviarios y las prácticas de cobro se controlaron en muchas formas que estaban propuestas para refrenar a los propietarios de ferroviarias, para proteger otros modos de transporte, proteger a ciertos transportistas o clases de transportistas y obligar a las ferroviarias a absorber las cargas sociales dentro de sus actividades comerciales. La regulación estadounidense se extendió con los años para cubrir los camiones y los barcos de carga e intentó, sin mucho éxito, ajustarse a las nuevas condiciones competitivas que emergieron después de la Segunda Guerra Mundial. Como resultado, para la década de 1970, todo el sistema ferroviario estadounidense se encontraba en malas condiciones financieras.

El gobierno dio dos pasos para cambiar la situación: primero se creó Amtrak en 1971 para trasladar la carga de las pérdidas generadas por el transporte de pasajeros a manos del gobierno federal y estatal; y, segundo, los ferrocarriles estadounidenses se desregularon sustancialmente a través de la Ley Staggers de 1980 (los camiones y las aerolíneas se desregularon casi al mismo tiempo) para permitir que los mercados de transporte respondieran a las fuerzas del mercado. El Congreso estadounidense reforzó más esta tendencia hacia la desregulación en 1995 cuando abolió la vieja ICC y creó un regulador nuevo, el Consejo de Transporte Terrestre (STB), con un alcance más estrecho para hacer cumplir la regulación.

Además de facilitar el abandono y permitir más flexibilidad en la fijación de tarifas, el STB exentó totalmente de la regulación a todas las tarifas ferroviarias para contratos voluntarios entre transportistas y ferroviarias. Los contratos voluntarios con frecuencia incluyen condiciones de inversión de la ferroviaria y el transportista, compromisos de calidad de servicio, volúmenes mínimos por ser transportados y servicios auxiliares como empaque y almacenamiento que reflejan un balance de intereses complejo para el cual es innecesaria, torpe y/o inapropiada la regulación. Un número específico de bienes de consumo o grupos de bienes de consumo (la mayoría productos agrícolas) y algunos tipos de servicios (intermodales y vagones de carga) también han resultado excluidos debido a que se asume que la competencia de carreteras y/o barcos constituye una restricción poderosa en la determinación de precios ferroviarios. El uso extenso de excepciones se ve motivado en parte por la preocupación de que la regulación con frecuencia causa más daños que beneficios, como claramente lo demostraron los muchos años de regulación excesiva.

El STB generalmente no prescribe acceso competitivo. La filosofía de la Ley Staggers es que se debe asumir que existe la competencia adecuada y que la regulación debe utilizarse solo para corregir casos de abuso del poder del mercado. En general, el STB estima que solo 10% de todo el tráfico de carga ferroviaria estadounidense se somete a alguna forma de regulación (Huneke, 2017[24]). Se asume que las tarifas y el servicio en el otro 90% del tráfico están restringidos por la competencia, que puede provenir de los transportistas por carretera o barco (competencia intermodal) para algunos bienes de consumo o de otras ferroviarias (competencia intramodal) para otros bienes de consumo. Respecto a la competencia intermodal e intramodal, tanto la competencia paralela (dos transportistas que atienden el mismo par de origen-destino) como la competencia geográfica (dos transportistas que atienden el mismo origen y/o que atienden el mismo destino) han demostrado ser efectivas para proteger a los transportistas de conductas anticompetitivas de las ferroviarias (Mac Donald, 1989[31]) y (Mac Donald, 1987[32]).

Las tarifas para los bienes de consumo no exentos y los servicios que podrían potencialmente ser regulados se someten a un régimen regulatorio que se ha denominado determinación de precios del mercado con límites (CMP), cuyo propósito es buscar un equilibrio entre las fuerzas del mercado y el potencial de abuso del poder del mercado donde este existe (ICC, 1985[33]) y (STB, 2006[34])

Se deben cumplir dos condiciones iniciales antes de que el STB pueda regular las tarifas cobradas por una ferroviaria a un transportista:

- Se ha demostrado la ausencia de competencia efectiva de otras ferroviarias, camiones o barcos.

- La tarifa para el tráfico en cuestión posee una relación existente o propuesta de ingreso respecto al costo variable que es mayor al 180%.

Si se cumplen estas dos condiciones, los transportistas pueden solicitar protección al STB de la tarifa basándose en uno de los tres fundamentos:

- La compañía ferroviaria se gestiona de manera ineficiente y no se debe forzar a los transportistas a pagar el precio de esto;
- La compañía ferroviaria está obteniendo "ganancias económicas" y los transportistas no deben verse forzados a contribuir con estas;
- La tarifa cobrada excede el "costo independiente" de servir al transportista, donde esto significa el costo teórico de crear una ferroviaria completamente separada para servir solo para el tráfico del transportista.

En la práctica, hasta ahora las audiencias tarifarias de STB se han realizado casi exclusivamente bajo la disposición de costeo independiente de las regulaciones. La prueba de costeo independiente está diseñada para evaluar la presencia de subsidios cruzados. Aunque resulta controversial, es un componente estándar de algunos regímenes regulatorios para algunos sectores de infraestructura alrededor del mundo, quizá más ampliamente utilizado en el sector postal. Este se basa en (Faulhaber, 1975[35]), y hay más análisis disponibles en (Baumol, 1987[36]), (ACCC, 2014[37]) and (Decker, 2018[38]).

Por lo normal el STB no actúa por voluntad propia, sino que en su lugar actúa cuando un transportista presenta una queja. Gran parte de la regulación estadounidense se basa en última instancia en procedimientos contenciosos con el STB emitiendo una decisión después de escuchar el argumento de todas las partes. Los procedimientos del STB están abiertos para todos y cualquier parte que desee ser escuchada puede solicitar comparecer o puede presentar el material que considere relevante. Aunque el enfoque es necesariamente en las cuestiones relevantes a la determinación de precios del mercado con límites y en particular a la prueba de costeo independiente, se puede plantear y considerar cualquier otro tema potencialmente relevante.

Las decisiones del STB pueden apelarse si se puede demostrar que violan los procedimientos de la agencia u otras leyes federales, pero los hallazgos de la agencia son de hecho generalmente aceptados por las cortes como correctos. Existe una presunción en las cortes de que la agencia está mejor calificada para tomar decisiones basándose en el juicio económico, como lo es el caso con los reguladores y las agencias de expertos en otros sectores de la economía estadounidense, el denominado estándar *Chevron* de deferencia administrativa (*Chevron U.S.A., Inc. v. Natural Resources Defense Council, Inc.*, 467 U.S. 837, 1984). En los casos donde la tarifa cobrada se encuentra por arriba del costo independiente, el remedio ha sido una orden del STB para que la ferroviaria reduzca la tarifa y reembolse los cobros excesivos.

El STB está consciente de la oportunidad de la discusión y mediación como una forma de prevenir la regulación formal y proporciona el soporte técnico para la discusión y mediación del transportista/empresa ferroviaria, en caso de que ambas partes lo soliciten. Para esto, utiliza un equipo de expertos independiente de aquellos que participan en la elaboración de las determinaciones regulatorias.

La vieja Comisión Interestatal de Comercio estadounidense solía intentar realizar asignaciones promedio de costos fijos basándose en las participaciones de toneladas y ton-km, o en las participaciones de los vagones de carga y vagón-km, o en las participaciones de ingresos. La Comisión eventualmente renunció, en parte porque el método para calcular los costos variables contra los fijos era tan poco confiable y en parte porque se volvió evidente que el método podría determinar un menor precio para los bienes de consumo con altos precios y un mayor precio para los bienes de consumo con bajos precios y ahuyentar a la ferroviaria (Kahn, 1971[39]).

La regulación estadounidense acepta la determinación de precios de Ramsey y desde la Ley Stagger de 1980 permite a las ferroviarias negociar las tarifas en contratos confidenciales, enfocándose en identificar y rectificar casos en los que se ha abusado del poder de mercado. Los procedimientos regulatorios imponen un esfuerzo sustancial sobre el transportista para establecer el abuso (y en la compañía ferroviaria para defender sus tarifas). Producir estimados de costos independientes que escapen al escrutinio del STB y en una apelación de corte resulta oneroso, requiriendo algunas veces contratos de consultoría multimillonarios en dólares (Pittman, 2010[40]). Tanto la utilidad del 180% de la razón del costo marginal como esta aplicación de la prueba de costo independiente se han desafiado sin fundamento económico, incluyendo en una revisión del Consejo de Investigación de Transporte de la Academia Nacional de Ciencias (TRB) (TRB, 2015[41]).

El TRB recomendó el desarrollo de una herramienta de análisis más confiable que compararía los precios disputados con aquellos cobrados en mercados ferroviarios con una situación competitiva similar, diciendo que esta herramienta reemplazaría los métodos actuales que elaboran estimados artificiales y arbitrarios del costo del embarque ferroviario. Sin embargo, los estudios econométricos requeridos para realizar una comparación directa del desempeño contra los mercados competitivos también requerirían un esfuerzo sustancial y no se han adoptado las recomendaciones. (Pittman, 2010[42]), (Pittman, 2010[40]) y (Pittman, 2016[43]) ha argumentado que dicha comparación otorgaría un incentivo para que las ferroviarias incrementen sus precios en mercados competitivos, y ha propuesto un límite máximo específico para bienes de consumo en las tarifas o márgenes como un mecanismo adicional de reemplazo candidato (la mayoría de los "transportistas cautivos" en EE.UU. embarcan uno de solo tres bienes de consumo: carbón, granos o químicos a granel.)

El STB continúa investigando mejorías potenciales para abordar las dificultades identificadas por el TRB, véase el Recuadro 3.1. Brevemente, los regímenes regulatorios actualmente utilizados no son ideales, sino que aún quedan por desarrollarse mejores métodos.

Recuadro 3.1. Resumen abreviado de las conclusiones del TRB sobre la modernización de la regulación ferroviaria de carga estadounidense

Reducción de tarifas: son necesarios procedimientos más apropiados, confiables y útiles

Aunque la Ley de Escalonamiento permite a los transportistas la capacidad de desafiar tarifas inusualmente altas, el comité encontró que la fórmula utilizada para identificar tarifas altas es poco confiable, económicamente inválida y onerosa de utilizar, con lo que de esta manera niega a grandes números de transportistas el acceso a protecciones de tarifas máximas de la ley. El problema radica en el requisito de la ley de que los reguladores estimen el costo independiente de transportar embarques ferroviarios cuando la mayoría de los costos ferroviarios son compartidos por tráfico y no son rastreables a los embarques individuales bajo disputa. Cuando se aprobó la Ley Staggers del Ferrocarril, se había regulado toda la determinación de precios ferroviarios y por tanto, no había tarifas determinadas competitivamente que pudieran servir como parámetros de comparación para evaluar la razonabilidad de las tarifas en los mercados sin una competencia efectiva. Tres décadas más tarde, se encuentran datos extensos sobre las tarifas basadas en el mercado para dichos propósitos.

El comité del estudio recomienda que el Congreso prepare la derogación de la fórmula actual para analizar las tarifas respecto a la elegibilidad para la reducción de tarifas dirigiéndose al Departamento de Transporte estadounidense para que desarrolle una herramienta de análisis más confiable que compare las tarifas disputadas con aquellas cobradas en los mercados ferroviarios competitivos. Esta herramienta reemplazaría los métodos actuales que realizan estimados artificiales y arbitrarios del costo del embarque ferroviario.

Los métodos de adjudicación actuales pueden costar millones de dólares para la litigación y algunos han tomado años para resolverse, desalentando a los transportistas con reclamos más pequeños de buscar la reducción de tarifas. Se han introducido métodos simplificados que están diseñados para ser válidos económicamente y prácticos de utilizar, pero se han utilizado muy raras veces. En efecto, el sistema posee el efecto de salvaguardar los ingresos ferroviarios volviendo demasiado oneroso que los transportistas litiguen un caso. Por consiguiente, a los transportistas se les niega un acceso igualitario y efectivo a las protecciones en las tarifas máximas de la ley.

El comité del estudio recomienda que las audiencias del STB utilizadas para resolver la razonabilidad de las tarifas impugnadas sean reemplazadas con audiencias de arbitraje que imponen resoluciones más rápidas y más económicas de los casos tarifarios. El comité también recomienda que los árbitros cuenten con las facultades para proponer el remedio de cambiar recíprocamente dichas tarifas que se encuentran no razonables. Como se destaca previamente, el comité presenta una prueba candidato basándose en una comparación de la tarifa pagada por el "transportista cautivo" con las tarifas pagadas en embarques comparables en escenarios más competitivos; el informe incluye un documento (Wilson and Wolak, 2016[44]) que sugiere la forma en la que esto podría implementarse.

La determinación de adecuación de ingresos anual no sirve para un propósito constructivo

La Ley Staggers del Ferrocarril requiere que el STB mantenga los estándares y los procedimientos para hacer determinaciones anuales respecto a si las ganancias de cada ferrocarril de Clase I son suficientes para atraer capital. Esta evaluación anual de la adecuación de los ingresos se ha convertido en un ritual, al tiempo que ofrece poca información sustantiva para los reguladores y los encargados de formular políticas en la vigilancia de las condiciones económicas y competitivas de la industria.

El comité del estudio recomienda que el STB descontinúe la publicación de informes anuales sobre la adecuación de ingresos de las ferroviarias individuales y que los reemplace con estudios periódicos de las condiciones económicas y competitivas en la industria.

Desde el momento en que se publicó el estudio del TRB, la decisión más reciente del STB en una audiencia tarifaria (*Consumers Energy*) indicó una disponibilidad del Consejo para considerar utilizar el estándar de adecuación de ingresos además de o en lugar de la prueba de costo independiente proyectada, un cambio que podría añadir una nueva relevancia a los informes anuales.

Revisión estratégica de los programas de datos del STB con un enfoque en el monitoreo de la calidad del servicio

Hasta la Ley Staggers del Ferrocarril, todo el tráfico ferroviario se transportaba en un carruaje común, y todas las tarifas y otros términos de servicio se publicaban al público y eran en un gran grado similares. La Ley posibilitó que las ferroviarias suministraran servicio por contrato privado, pero retuvo la obligación de las ferroviarias para responder a solicitudes para un servicio de transportista común para algunos tipos de tráfico. No obstante, los reguladores no cuentan con medios confiables para monitorear la respuesta de las ferroviarias. El estudio fundamenta que los datos utilizables sobre calidad del servicio se recolecten con regularidad para respaldar esta función de monitoreo. En particular, los datos específicos de embarques son necesarios para determinar cómo el servicio proporcionado en carga común se compara con la carga contratada.

Fuente: (TRB, 2015[41]), Modernizing Freight Rail Regulation, http://www.trb.org/Publications/Blurbs/172736.aspx. (acceso el 1 de mayo de 2019); Consumers Energy v. CSX Transport, Surface Transportation Board, Decision, Docket No. NOR 42142, 11 enero de 2018, https://www.stb.gov/Decisions/readingroom.nsf/UNID/06AECC5B958B8C748525821200795A5A/$file/46230.pdf (acceso el 4 junio de 2019).

Regulación canadiense

La regulación canadiense cuenta con un conjunto de parámetros definido con menor claridad para delimitar las circunstancias en las que las tarifas pueden regularse, pero el concepto rector es similar al de EE.UU. Bajo la Política Nacional de transportación Canadiense, la competencia y las fuerzas del mercado, ambas dentro y entre los diversos modos de transportación, son los agentes principales para garantizar servicios de transportación viables y efectivos. La regulación se utiliza para alcanzar resultados económicos o sociales que no pueden alcanzarse por medio de la competencia y las fuerzas del mercado únicamente. La política se dirige a garantizar que dicha intervención no favorezca indebidamente, o reduzca las ventajas inherentes de cualquier modo de transportación particular. Los remedios regulatorios canadienses (interconexión, arbitraje de oferta final, nivel de adjudicación de servicio y arbitraje) se encuentran disponibles independientemente de la salud financiera de los transportadores ferroviarios y se diseñan fundamentalmente para proporcionar a los transportistas un apalancamiento adicional en sus negociaciones con las ferroviarias o con opciones ferroviarias más competitivas.

Canadá no utiliza estándares numéricos explícitos para razones de ingreso/costo. Recolecta información de costos e ingresos detallada, pero no pone disponible la información al público. Los datos presentados por el Ministerio de Transporte se retienen confidenciales dado que el sistema ferroviario es esencialmente un duopolio; cada transportista podría estimar la información confidencial del otro realizando una resta simple del total. La Agencia de Transportación Canadiense (CTA) sí requiere que los costos unitarios y los manuales de costos utilizados en los procedimientos regulatorios sean aprobados por la CTA. No obstante, la información sobre las ferroviarias individuales en circunstancias similares en EE.UU. es publicada en las Estadísticas de los ferrocarriles Clase 1 estadounidenses.

La CTA se apoya, más que el STB, en los mecanismos alternativos de solución de conflictos (facilitación, mediación y arbitraje). La CTA posee un rango amplio de mecanismos alternativos para la resolución de disputas, incluyendo:

- Mediación, cuando una agencia mediadora ayuda a las partes a resolver sus diferencias a través de la negociación (en persona o por teleconferencia). La mediación se ofrece como una alternativa a la adjudicación en cualquier asunto en el que ambas partes acepten seguir este método.

- Arbitraje de ofertas finales, donde un transportista insatisfecho con las tarifas ofrecidas por un ferrocarril puede solicitar el arbitraje de la disputa. Tanto el ferrocarril como el transportista deben someter sus propuestas finales junto con el material de justificación. El árbitro debe considerar si el transportista dispone de un "medio de transporte alternativo, efectivo, adecuado y competitivo para sus bienes" así como cualquier otra consideración que se crea relevante. El árbitro debe elegir entre las dos propuestas y no debe dar razones de la decisión, que es final y vinculante. Esto crea fuertes incentivos tanto para el transportista como para la ferroviaria para elaborar propuestas razonables, ya que mientras menos razonable resulte una propuesta, es menos probable que sea adoptada por el árbitro.

- El arbitraje de la oferta final para el nivel de servicio ferroviario se lleva a cabo donde un transportista no puede acordar los términos de un contrato de servicio con la ferroviaria. El árbitro no está limitado, en este caso, a seleccionar la oferta de la ferroviaria o el transportista y puede establecer sus propias condiciones.

Con excepción de los movimientos de granos del oeste canadiense a ciertos destinos, donde Canadian National (CN) y Canadian Pacific (CP) están sujetas a ingresos máximos bajo la ley (esencialmente al fijar una tarifa promedio por tonelada, ajustada por el volumen de grano movido), la CTA tiene poderes limitados para imponer tarifas.

La Ley de Transporte Canadiense ofrece tres disposiciones que lidian con el poder del mercado de los ferrocarriles al facilitar el acceso competitivo, es decir, interconexión regulada e interconexión extendida (secciones 127-128); Tarifa de línea competitivas (secciones 129-136); y Derechos de paso (sección 138).

- La disposición acerca de la interconexión ha existido en la ley desde el cambio del siglo pasado y es la única disposición de acceso competitivo con uso significativo. Bajo estas disposiciones, un transportista tiene derecho a requerir que una ferroviaria arrastre su tráfico hasta el punto de interconexión de la ferroviaria competidora si el punto de interconexión se encuentra a menos de 30 kilómetros (ya sea del origen o del destino o ambos). Este movimiento está sujeto a las tarifas prescritas por la regulación, que por lo menos deben cubrir los costos variables del movimiento. Recientemente, como resultado de la cosecha excepcional en Canadá del Oeste, este límite ha incrementado a 160 kilómetros en las Praderas, un régimen que podría desaparecer dos años después de la entrada en vigor de esta disposición.

- La tarifa de línea competitiva (CLR) se estableció en 1987 para permitir a un transportista contactar a dos ferroviarias para mover su tráfico a una tarifa especificada por la agencia sobre distancias mayores a los límites de interconexión (la CLR no puede aplicarse para más de 50% de la distancia total o 1 200 kilómetros, lo que fuera mayor). Esta disposición ha tenido un uso muy limitado. El requisito para que la ferroviaria de conexión competidora acepte formalmente mover el tráfico del transportista cautivo, más allá del intercambio al cual debe establecerse la CLR, se percibe como un obstáculo importante.

- La disposición de los derechos de paso se ha implementado desde 1967 y la agencia puede otorgarlos sobre una base de caso por caso. Los derechos de paso permiten a una ferroviaria federal operar sus trenes y personal sobre la(s) líneas de otra ferroviaria federal a una tarifa regulada, pero no solicita el tráfico a través de las líneas ferroviarias de la ferroviaria huésped. No obstante, no ha existido nunca una aplicación exitosa de tales derechos por la agencia. Se debe observar que existen muchos ejemplos de ferroviarias que negocian exitosamente los derechos de paso en una base comercial voluntaria (p. ej., el acuerdo en el área de Vancouver).

Además, la CTA puede establecer las condiciones y las tarifas que serán pagadas, por los proveedores de servicios de pasajeros públicos (vía ferrocarril, autoridades de tránsito urbanas) para el uso de las instalaciones ferroviarias.

Tráfico de intercambio

Tanto en EE.UU. como en Canadá, si una ferroviaria no puede proporcionar servicio de extremo a extremo, se debe realizar un intercambio de tráfico con una ferroviaria (o ferroviarias) que atiendan el destino si debe realizarse el embarque. En muchos casos, los transportistas o las ferroviarias han adquirido que el tráfico intercambiado se facture por separado (denominado tarifas de la "Regla 11") para que ninguna ferroviaria tenga información sobre lo que la otra está cobrando. En caso de que un transportista se queje, podría ser posible que el STB encuentre que la tarifa total o cualquier porción de la misma es demasiado alta.

En Estados Unidos una condición esencial de ser un transportista común es que el ferrocarril debe transportar todo el tráfico que se encuentra en oferta en términos razonables y que la ferroviaria debe ofrecer una tarifa razonable por hacerlo. Si una ferroviaria no puede transportar el tráfico del origen al destino (los estimados del tráfico intercambiado entre las ferroviarias estadounidenses varían entre 20 y 40%), entonces debe ofrecer al transportista la oportunidad de utilizar una conexión a otro tren o trenes, de nuevo, bajo términos razonables. No obstante, si existe más de una ruta posible, el transportista no tiene derecho a requerir una ruta preferida mientras que al mismo tiempo solicite una tarifa menor, debido a que esto complicaría severamente la planeación de la ruta de todos los trenes involucrados. Si la tarifa ofrecida es razonable, eso es suficiente. Pueden existir excepciones ilimitadas a esta regla si existen *"instalaciones esenciales"* involucradas y cuando el ferrocarril niegue el uso de las instalaciones o demande un precio por el uso de instalaciones esenciales que es irracionalmente alto.

En Canadá, si el tráfico ha de circular por una ruta continua y partes del mismo son operadas por dos o más compañías ferroviarias, éstas, a petición del cargador, acordarán una tarifa conjunta y el reparto de la misma, o bien celebrarán un contrato confidencial. Si las ferroviarias no pueden llegar a un acuerdo, el cargador puede solicitar que la CTA resuelva el asunto. La agencia no ha tenido ninguna solicitud de este tipo en años, si es que alguna vez la tuvo.

Referencias

AAR (2019), *Rail Traffic Data*, Association of American Railroads, Washington DC, https://www.aar.org/data-center/rail-traffic-data/ (accessed on 5 March 2019). [25]

ACCC (2014), *Tests for Assessing Cross-Subsidy*, Australian Competition & Consumer Commission, Canberra, https://www.accc.gov.au/system/files/Tests%20for%20assessing%20cross-subsidy_0_0.pdf (accessed on 2 March 2019). [37]

Algemene Rekenkamer (2016), *Exploitatie van de Betuweroute: Rapport Behorend bij Verantwoordingsonderzoek naar Begrotingshoofdstuk XII [Operation of the Betuwe route: Report Belonging to Accountability Investigation in Budget Chapter XII]*, Algemene Rekenkamer, The Hague, https://www.rekenkamer.nl/publicaties/rapporten/2016/05/18/exploitatie-van-de-betuweroute. [20]

Allen, R. (2001), *The Structure and Regulation of the Mexican Railroad Industry at the Beginning of the 21st Century*, Zuckert Scoutt & Rasenberg, L.L.P., https://www.zsrlaw.com/wp-content/uploads/sites/378/2016/05/Surface_Transportation_-_Allen_-_The_Structure_and_Regulation_of_the_Mexican_Railroad_Industry_2001.pdf (accessed on 2 March 2019). [6]

ARTF (2018), *Anuario Estadístico Ferroviario 2017 [Railway Statistical Yearbook 2017]*, SCT, https://www.gob.mx/artf/acciones-y-programas/anuario-estadistico-ferroviario-2017-152797. [12]

Bach, F. (1939), "The Nationalization of the Mexican Railroads", *Annals of the Public and Cooperative Economics*, Vol. 15/1, pp. 70-91, https://doi.org/10.1111/j.1467-8292.1939.tb00568.x. [2]

Baumol, W. (1987), *Direct Testimony. U.S. Postal Rate Commission Docket No. R87-1 (USPS-T-3)*. [36]

Boiteux, M. (1956), *Sur la gestion des Monopoles Publics astreints a l'equilibre budgetaire [The management of Public Monopolies constrained to a balanced budget]*, https://www.jstor.org/stable/pdf/1905256.pdf?refreqid=excelsior%3A390c3d0497baa6727d8c586ef1549b1e (accessed on 2 March 2019). [18]

COFECE (2016), *Reporte Preliminar sobre Competencia Efectiva en el Sistema Ferroviario Mexicano [Preliminar report on the Effective Competition in the Mexican Railway System]*. [4]

Decker, C. (2018), *Modern Economic Regulation. An Introduction to Theory and Practice*, Cambridge University Press, https://doi.org/10.1017/CBO9781139162500. [38]

Donly, A. (1920), "The Railroad Situation in Mexico", *The Journal of International Relations*, Vol. 11/2, pp. 234-251, https://www.jstor.org/stable/29738399 (accessed on 2 March 2019). [1]

Faulhaber, G. (1975), "Cross-Subsidization: Pricing in Public Enterprises", *The American Economic Review*, Vol. 65/5, pp. 966-977, https://www.jstor.org/stable/pdf/1806633.pdf?refreqid=excelsior%3Ab02eb762f9172a505823e6e700d4ad89 (accessed on 2 March 2019). [35]

Gobierno de Mexico (2018), *Modificación al Título de Asignación otorgado en favor de la empresa de participación estatal mayoritaria Ferrocarril del Istmo de Tehuantepec, S.A. de C.V. [Modification to the Allocation Title granted in favour of the majority state-owned joint venture*, DOF, CDMX, http://www.dof.gob.mx/nota_detalle.php?codigo=5514222&fecha=23/02/2018&print=true. [13]

Gobierno de Mexico (2017), *Modificación al Título de Concesión otorgado en favor de Ferrocarril Pacífico-Norte, S.A. de C.V., hoy Ferrocarril Mexicano, S.A. de C.V. [Modification to the Title of Concession granted in favour of Ferrocarril Pacífico-Norte, S.A. de C.V., today Ferroca*, DOF, CDMX, http://dof.gob.mx/nota_detalle.php?codigo=5234598&fecha=21/02/2012. [14]

Gobierno de Mexico (1997), *Concesión otorgada en favor de Ferrocarril Pacífico-Norte, S.A. de C.V., respecto de la Vía corta Ojinaga-Topolobampo.[Concession granted in favor of Ferrocarril Pacífico-Norte, S.A. de C.V., with respect to the Short Vía Ojinaga-Topolobampo]*, DOF, CDMX, http://www.dof.gob.mx/nota_detalle.php?codigo=4903433&fecha=11/12/1997CONCESION otorgada en favor de Ferrocarril Pacífico-Norte, S.A. de C.V., respecto de la Vía corta Ojinaga-Topolobampo. [15]

Gobierno de Mexico (1996), *Acuerdo mediante el cual se destina al servicio de la SCT los inmuebles de la vía general de comunicación ferroviaria del Noreste, así como de los que prestan los servicios auxiliares, con objeto de que esa Dependencia otorgue sobre dichos inmuebles las concesiones y permisos respectivos [Agreement by means of which all properties of the Northeast route and for rendering auxiliary services are destined to the SCT]*, DOF, CDMX, http://www.dof.gob.mx/nota_detalle.php?codigo=4906174&fecha=29/11/1996. [7]

Gobierno de México (1995), *Acuerdo por el que se crea la Comisión Intersecretarial de Desincorporación [Agreement establishing the Intersecretarial De-incorporation Commission]*, DOF, CDMX, http://dof.gob.mx/nota_detalle.php?codigo=4872087&fecha=07/04/1995 (accessed on 2 March 2019). [3]

Huneke, W. (2017), "The Political Economy of Regulatory Costing: The Development of the Uniform Rail Costing System", *Journal of Transportation Law, Logistics and Policy*, Vol. 84/2, pp. 196-223, http://www.atlp.org/journal.html. [24]

ICC (1985), *Coal Rate Guidelines, Nationwide*. [33]

ITF (2018), *ITF Transport Statistics-Goods Transport*, http://dx.doi.org/10.1787/trsprt-data-en. [27]

ITF (2014), *Freight Railway Development in Mexico*, OECD Publishing, Paris, https://dx.doi.org/10.1787/5jlwvzjd60kb-en. [8]

ITF (2014), "Freight Railway Development in Mexico", *International Transport Forum Policy Papers*, No. 1, OECD Publishing, Paris, https://dx.doi.org/10.1787/5jlwvzjd60kb-en. [16]

Kahn, A. (1971), *The Economics of Regulation: Principles and Institutions*, John Wiley and Sons. [39]

Mac Donald, J. (1989), "Railroad Deregulation, Innovation, and Competition: Effects of the Staggers Act on Grain", *The Journal of Law & Economics*, Vol. 32/1, pp. 63-95. [31]

Mac Donald, J. (1987), "Competition and Rail Rates for the Shipment of Corn", *The RAND Journal of Economics*, Vol. 18/1, pp. 151-163. [32]

McCullough, G. (2008), *Statement before the Surface Transportation Board on URCS costing*. [23]

Middleton, W., G. Smerk and R. Diehl (2007), "Mexican Railroads General History", *Encyclopedia of American Railways*. [10]

ORR (2018), *2018 Periodic Review: ORR's Draft Determination-Summary of Conclusions England and Wales*, ORR, London, https://orr.gov.uk/__data/assets/pdf_file/0006/27789/pr18-draft-determination-executive-summary-england-and-wales.pdf (accessed on 2 March 2019). [21]

ORR (2013), *Periodic Review 2013*, ORR, London, http://orr.gov.uk/rail/economic-regulation/regulation-of-network-rail/price-controls/periodic-review-2013/pr13-guide/about-pr13. [22]

Pittman, R. (2017), "The Srange Career of Independent Voting Trusts in U.S, Rail Mergers", *Journal of Competition Law & Econmics*, Vol. 13/1, pp. 89-102. [19]

Pittman, R. (2016), *Remarks before the STB Economic Roundtable Discussion: Issues, Conclusions of Independent Study on Railroad Rate-Case Methodologies*, Washington DC, https://www.stb.gov/stb/audiomee.nsf/71c35e25bd34f1f68525653300425877/a8f449222a9cca5185258059005061a5?OpenDocument. [43]

Pittman, R. (2010), "Against the Stand-Alone-Cost Test in U.S. Freight Rail Regulation", *Journal of Regulatory Economics*, Vol. 38/3, pp. 313-326, https://link.springer.com/content/pdf/10.1007%2Fs11149-010-9130-3.pdf (accessed on 2 March 2019). [40]

Pittman, R. (2010), "The Economics of Railroad "Captive Shipper" Legislation", US Department of Justice, http://www.usdoj.gov/atr/public/eag/discussionpapers.htm. (accessed on 2 March 2019). [42]

RAC (2013), *2014 Rail Trends*, Railway Association of Canada, Ottawa, https://www.railcan.ca/wp-content/uploads/2016/10/2014_RAC_RailTrends.pdf (accessed on 5 March 2019). [26]

Railway Gazette (1997), *TFM wins Noreste concession*, https://www.railwaygazette.com/news/single-view/view/tfm-wins-noreste-concession.html. [9]

Ramsey, F. (1927), *A Contribution to the Theory of Taxation*, https://www.jstor.org/stable/pdf/2222721.pdf?refreqid=excelsior%3Ab3574348888b93a69e08e33153207f17 (accessed on 2 March 2019). [17]

SCT (2015), *Anuario Estadístico Sector Comunicaciones y Transportes 2014 [2014 Statistical Yearbook of the Communications and Transport Sector]*, Secretaría de Comunicaciones y Transportes, CDMX, http://www.sct.gob.mx/fileadmin/DireccionesGrales/DGP/estadistica/Anuarios/Anuario_2014.pdf. [11]

SCT (1997), *Concesión que otorga el Gobierno Federal, por conducto de la Secretaría de Comunicaciones y Transportes, en favor de Ferrocarril del Noreste, S.A. de C.V. [Concession granted by the Federal Government, through the Secretariat of Communications and Transport, in favour of Ferrocarril del Noreste, S.A. de C.V.]*, http://www.dof.gob.mx/nota_detalle.php?codigo=4866123&fecha=03/02/1997 (accessed on 2 March 2019). [5]

Secretaría de Comunicaciones y Transporte (2014), *Anuario Estadístico, Sector Comunicaciones y Transporte 2013 [2013 Statistical Yearbook, Communications and Transport Sector]*, DOF, CDMX, http://www.sct.gob.mx/fileadmin/DireccionesGrales/DGP/estadistica/Anuarios/Anuario-2013.pdf. [29]

STB (2019), *Carload Waybill Sample*, https://www.stb.gov/stb/industry/econ_waybill.html (accessed on 6 March 2019). [30]

STB (2018), *Statistics of Class 1 Freight Railroads*, Surface Transportation Board, Washington DC, https://www.stb.gov/Econdata.nsf/M%20Statistics%20of%20Class%201%20Feight%20RR?OpenPage (accessed on 5 March 2019). [28]

STB (2006), *Major Issues in Rail Rate Cases*, Surface Transportation Board, Washington DC, https://www.stb.gov/decisions/readingroom.nsf/UNID/6C7E822CBDC68AD305257217005C5064/$file/37406.pdf (accessed on 2 March 2019). [34]

TRB (2015), *Modernizing Freight Rail Regulation*, TRB Publications, http://www.trb.org/Publications/Blurbs/172736.aspx. [41]

Wilson, W. and F. Wolak (2016), "Freight Rail Costing and Regulation: The Uniform Rail Costing System", *Review of Industrial Organization*, Vol. 49/2, pp. 229-261, http://dx.doi.org/10.1007/s11151-016-9523-2. [44]

4 Gobernanza interna de la Agencia Reguladora del Transporte Ferroviario

La sección explica brevemente los siete Principios de mejores prácticas de la OCDE para la gobernanza de los reguladores, cuyo objetivo es mejorar el desempeño de las agencias regulatorias. Para cada principio considerado, se describen los arreglos institucionales y las prácticas de la ARTF comparados con cada principio.

La sección actual se basa principalmente en los Principios de mejores prácticas de la OCDE en materia de gobernanza de los reguladores (OECD, 2014[1]). El objetivo de los principios es establecer una política regulatoria efectiva que incluya una "política consistente que cubra el papel de las funciones de las agencias reguladoras con el fin de proporcionar mayor confianza respecto a que las decisiones regulatorias se toman sobre una base objetiva, imparcial y consistente, sin conflicto de intereses, sesgos o influencia inadecuada" (OECD, 2012[2]). Los siete principios son los siguientes y se describirán a detalle en esta sección:

- Claridad de la función
- Prevenir la influencia indebida y mantener la confianza
- Toma de decisiones y estructura del órgano rector para reguladores independientes
- Rendición de cuentas y transparencia
- Participación
- Financiamiento
- Evaluación del desempeño

Claridad de la función

La idea básica del principio de *claridad de la función* es que un regulador efectivo debe tener objetivos claros y funciones claras, integradas en un marco regulatorio completo y en otros instrumentos de política. Estas funciones serán suficientes para lograr los objetivos institucionales que dieron origen a la creación de los reguladores. La justificación principal de este principio: solo a través de objetivos y declaraciones claras una institución puede lograr los resultados y metas esperadas.

Los objetivos de estos reguladores no deben estar en conflicto o competir con las metas; de otra manera, socavan el desempeño institucional. Solo se deben sumar cuando beneficios claros sobrepasen los costos potenciales. No obstante, en una situación donde un regulador combina objetivos que compiten entre sí, se debe desarrollar un marco regulatorio y unas guías para ayudar a la institución a intercambiar dichas funciones. Por otra parte, dentro de la institución, estos objetivos deben reflejar de manera independiente funciones, metas, presupuestos, personal, etc. Por lo tanto, un regulador con múltiples propósitos enfrentaría retos importantes en la planeación y ejecución de todas sus responsabilidades y funciones.

El marco legal debe indicar los mecanismos de coordinación por medio de los cuales el regulador debe cooperar con otras instituciones, como congreso, secretarías, organismos autónomos, etc. sobre temas de responsabilidad compartida. Por otra parte, cualquier acuerdo de operación, memorándum de entendimiento o acuerdo formal debe publicarse en los sitios web de los reguladores para promover la transparencia en las funciones del regulador.

Finalmente, una separación clara de las funciones y la coordinación con las secretarías es un tema relevante. El papel de los reguladores con respecto a dar apoyo en los objetivos políticos de las secretarías puede variar a través de los países. No obstante, una práctica común es el principio de independencia de los reguladores, que limitaría la responsabilidad para brindar apoyo a las secretarías respecto a temas políticos. Sin embargo, el apoyo en temas políticos es un hecho y la participación de los reguladores en diferentes etapas de la formulación política también es deseable ya que la coordinación entre promoción y regulación reduce la incertidumbre y las expectativas erróneas sobre el papel de las entidades reguladas.

Los objetivos y las funciones de la ARTF están distribuidas en varios documentos legales. El Decreto SCT-26-01-2015, que ordena la creación de la agencia se publicó el 26 de enero de 2015 en el Diario Oficial. Este instrumento legal establece las atribuciones básicas de la ARTF y la SCT respecto a la regulación y la promoción del sector ferroviario. Por ejemplo, la SCT tiene el objetivo de planear y desarrollar la política pública de los servicios ferroviarios, así como regular su desarrollo. Por otra parte, la agencia está a cargo de varias obligaciones regulatorias.

Sin embargo, la ARTF se creó como organismo desconcentrado de la SCT hasta el 18 de agosto del 2016. Esto otorgó a la agencia capacidad técnica, operativa y administrativa. El Decreto SCT-18-08-2016 establece funciones operativas regulatorias adicionales a aquellas establecidas en el Decreto 26-01-2015. Lo anterior refuerza los ambos tipos de atribuciones de la agencia, la regulación y la promoción del sector ferroviario.

La Ley Reglamentaria del Servicio Ferroviario se reformó en 2015 y 2016, a través de la cual se implementaron cambios al marco legal del sector ferroviario. Adicionalmente, en 2017 la ley se enmendó para incluir las atribuciones actuales de la agencia, y en 2018 se incluyeron cambios adicionales a la regulación de las tarifas. No obstante, el marco regulatorio de la agencia no está completo y todavía faltan por definirse temas operativos con más claridad. Por ejemplo, algunas atribuciones de la ARTF las realiza la Dirección General de Desarrollo Ferroviario y Multimodal (DGDFM), y viceversa; y algunas atribuciones no pueden realizarse en absoluto.

La Tabla 4.1 incluye una selección de obligaciones regulatorias y no regulatorias de la ARTF de acuerdo con el marco legal. La agencia enfrenta objetivos que compiten respecto a su papel regulatorio en el sector ferroviario y en la promoción y expansión del sistema. En principio, la promoción de la industria la realiza principalmente la Secretaría de Transportes y Comunicaciones, a través de la DGDFM. Idealmente, la ARTF no debe tener ninguna actividad de promoción, ya que implica una superposición de las funciones y puede crear incentivos opuestos, debido a que las obligaciones de promoción y regulatorias pueden chocar entre sí.

Tabla 4.1. Funciones seleccionadas de la ARTF

Ley Reglamentaria del Servicio Ferroviario

Funciones regulatorias	Funciones no regulatorias
Definir los estándares técnicos del transporte ferroviario y la infraestructura y verificar su cumplimiento	Promover la expansión y el uso de la red ferroviaria e identificar las líneas cortas subutilizadas para llevarlas bajo el control estatal
Garantizar servicios de interconexión y determinar las tarifas de interconexión en casos donde no puedan establecerse acuerdos	Proporcionar recomendaciones sobre temas de seguridad
Determinar las tarifas y las bases regulatorias si existe una falta de competencia	Elaborar y publicar registros estadísticos e indicadores para los servicios ferroviarios
Imponer multas y sanciones debido a la falta de cumplimiento de las obligaciones establecidas en los títulos de concesión y otras regulaciones	

Fuente: Adaptado de la Ley Reglamentaria del Servicio Ferroviario.

Como se observa en la Tabla 4.1 la ARTF posee la tarea de promover el uso de la red ferroviaria e identificar las líneas subutilizadas. El uso de la red puede promoverse a través de funciones regulatorias, pero fomentar la expansión de la red puede implicar la entrega de incentivos, como moratorias regulatorias, que pueden ser lo opuesto a las obligaciones regulatorias. Además, la ley no establece una jerarquía de obligaciones.

Una parte fundamental del papel de una agencia regulatoria es contar con los recursos necesarios para cumplir sus funciones de manera efectiva. Cuando la ARTF se creó y se definieron sus funciones, algunas brechas en términos de estructura organizacional y marco regulatorio se dejaron sin atender, lo que es probable que socave el desempeño de la agencia. Esto incluye limitaciones para realizar inspecciones, brechas en la regulación para ejecutar obligaciones de sanciones y falta de personal suficiente.

Uno de los problemas emerge con la falta de capacidad instalada para que la ART lleve a cabo inspecciones. La ARTF tiene un programa de inspección anual que tiene como objetivo inspeccionar la totalidad de las ferroviarias con una priorización operativa tras los accidentes de años previos (el programa de 2018 estableció 909 inspecciones como meta). Sin embargo, la creación de la Agencia descentralizada no se vio acompañada de una estructura formal para hacer cumplir la ley de manera efectiva. Cuando las funciones regulatorias fueron parte de la SCT, las inspecciones y la recopilación de datos a través del país se realizaron a través de Centros de la SCT, los Centros de la SCT son los representantes locales de la SCT a lo largo de México.

La creación de la ARTF como un organismo descentralizado redujo su capacidad real de realizar inspecciones en los estados mexicanos ya que los Centros de la SCT siguen perteneciendo a la secretaría. En la actualidad, los centros de la SCT respaldan a la ARTF, sin embargo, esta coordinación no se lleva a cabo a través de acuerdos formales. Esta falta de formalización puede crear tensiones en la efectividad del proceso de inspección para satisfacer los estándares de la agencia.

Otro problema tiene que ver con las sanciones y las multas. En la actualidad, la ARTF no cuenta con guías específicas sobre la imposición de multas y sanciones, lo que dificulta más sancionar de manera efectiva a partes reguladas.

El tema final se relaciona a la provisión del personal suficiente. Durante la elaboración de esta revisión, la ARTF no contó con personal suficiente para cumplir sus obligaciones, al momento contaba con 18 funcionarios en total. Una de las causas de esta situación es que la DGDFM aún no ha transferido al personal restante con facultades regulatorias a la agencia, 49 funcionarios. Debido a estas circunstancias, hubo una superposición de funciones, de personal y de los papeles entre el personal de ambas agencias. Vale la pena mencionar que la transferencia del personal sigue un procedimiento administrativo que va más allá del alcance de la SCT e incluye la participación de la Secretaría de Finanzas (SHCP) y la Secretaría de la Función Pública (SFP).

Prevenir la influencia indebida y mantener la confianza

La noción del principio es que los reguladores necesitan infundir confianza entre los actores interesados y las instituciones. Con el fin de construir esta confianza, se debe mantener una comunicación cercana con las entidades regulatorias y otras partes; al mismo tiempo, el regulador debe evitar la influencia indebida que puede conducir a la captura regulatoria.

El trabajo de los reguladores debe fundamentarse en la objetividad y la imparcialidad. Por consiguiente, si existe una situación en la que el alcance del regulador cubra compañías gubernamentales y no gubernamentales, se requiere una neutralidad competitiva para evitar la falta de confianza y para reducir el riesgo de influencia indebida de las compañías públicas.

La independencia formal y de la situación puede promover objetividad e imparcialidad. Los estatutos legales pueden otorgar independencia legal de los reguladores mientras que la independencia puede emerger de la fortaleza institucional o de la implementación de mejores prácticas. Ambos esquemas enfrentan ventajas y desafíos. La elección entre las dos depende de varias condiciones, por ejemplo, la necesidad de demostrar independencia, la dinámica de la política a nivel nacional, la Fortaleza institucional del país, etc.

La influencia indebida puede emerger de cualquier institución gubernamental (las secretarías, el congreso, el ejecutivo, los organismos autónomos, el poder judicial, etc.), de las entidades reguladas o del público. El regulador debe interactuar con estas partes para implementar el proceso regulatorio, coordinarse respecto a problemas de responsabilidades compartidas, consultar sobre proyectos regulatorios y recibir retroalimentación sobre la estrategia y los instrumentos que aplica. No obstante, dentro de esta interacción, el regulador debe perseguir el objetivo institucional en el corto y largo plazo, evitando la influencia indebida.

De hecho, evitar la captura regulatoria y mantener la confianza garantiza que los reguladores persigan sus objetivos políticos subyacentes. Existen varias prácticas, que contribuyen a reducir el riesgo de captura regulatoria y, por lo tanto, generan confianza. Por ejemplo, la restricción de pasar del empleo público al privado para los funcionarios que trabajan en compañías reguladas después de ciertos periodos; la comunicación transparente entre los reguladores y los actores interesados; una agenda definida y canales de comunicación oficiales; el grado de independencia formal y legal; la implementación de la evaluación del impacto regulatorio (RIA) y el proceso de consulta para la producción regulatoria; el proceso de selección y los términos de los miembros del consejo, etc. Principios como el órgano rector del regulador, el grado de independencia, el esquema de recaudación de fondos, las obligaciones de rendición de cuentas y la evaluación del desempeño, también ayudan a limitar el riesgo de captura regulatoria.

Los reguladores pueden variar desde organismos ministeriales a autónomos. Los desafíos relacionados a la influencia indebida y la confianza son diferentes en ambas situaciones. En principio, la influencia puede ser más probable entre los reguladores ministeriales en comparación con los órganos rectores, pero lo anterior puede encarar retos en una forma oportuna y efectiva. La elección entre un regulador dentro de una secretaría o un organismo autónomo depende de las disposiciones institucionales y de la capacidad institucional, no solo vinculados al regulador, sino también a las entidades públicas.

Durante la elaboración del borrador del informe, la ARTF no contaba aún con una estrategia transversal explícita para prevenir la influencia indebida, dado que sus primeros esfuerzos se enfocaron en otras prioridades. Por ejemplo, el aseguramiento de recursos financieros y de recursos humanos para cumplir sus obligaciones. En contraste, la ARTF posee prácticas dispersas heredadas de la organización previa como una dirección general bajo la protección de la SCT. Algunas de estas prácticas se enfocan en las comunicaciones institucionales con los actores interesados:

- Respecto a las entidades reguladas, la ARTF celebra reuniones públicas y mensuales caso por caso con la AMF y con representantes de los titulares de las concesiones. Además de esto, la agencia se reúne con las compañías ferroviarias en respuesta a problemas específicos (p. ej., vandalismo, accidentes, etc.).

- La relación con otras instituciones públicas también se realiza en un escenario caso por caso. Por ejemplo, la interacción con la COFECE se basa en casos potenciales de competencia en la industria ferroviaria. En el tiempo de elaboración del borrador de esta Revisión, la COFECE estaba realizando un segundo estudio para determinar la existencia de comportamientos monopólicos en el sector ferroviario. Por otro lado, la coordinación institucional con la CONAMER se enfoca en el proceso de calidad regulatoria, principalmente a través de la implementación de la RIA para los anteproyectos de ley, que incluye el proceso de consulta. Ahora, la mayor parte de la discusión con la CONAMER se enfoca en el logro de la regla *una entra, una sale,* que requiere la eliminación de cargas administrativas equitativas a las impuestas por la nueva regulación. La ARTF también se coordina con la SCT, a través de la Dirección General de Medicina Preventiva y la DGDFM. Con la primera, la agencia trabaja para emitir licencias del personal ferroviario, que incluye un examen médico. Respecto a su relación con la DGDFM, la ARTF implementa las obligaciones incluidas en los títulos de concesión y en el marco regulatorio. Con la segunda, el proceso de creación de la ARTF ha extendido la coordinación eficiente efectiva en práctica; los funcionarios de ambas instituciones y las responsabilidades siguen mezcladas.

- No hubo evidencia de prácticas sistemáticas de interacción entre la agencia y el público.

La transparencia y la rendición de cuentas son fuertes herramientas para garantizar la confianza. La ARTF cumple con las obligaciones legales establecidas en el marco general del gobierno mexicano, sin embargo, la independencia demanda más esfuerzos de transparencia y rendición de cuentas.

Finalmente, la ARTF cuenta con límites para pasar del empleo público al privado dado que los funcionarios no pueden trabajar por un año en la industria después de la finalización de su periodo de asignación.

Toma de decisiones y estructura del organismo gubernamental para reguladores independientes

El diseño del órgano rector y las facultades de toma de decisiones tienen un impacto en la efectividad de los reguladores, la implementación de la política regulatoria y los resultados esperados de los objetivos institucionales. Adicionalmente, el órgano rector tiene una influencia en la integridad de los reguladores ya que puede afectar el riesgo de la captura regulatoria.

El órgano rector del regulador puede asumir diferentes formas:

- El modelo de consejo de gobernanza: vigilancia, guías estratégicas y políticas operativas.
- El modelo de comisión: un consejo brinda asesoría sobre decisiones regulatorias.
- El modelo del miembro único: un individuo toma las decisiones regulatorias.

La selección del modelo *per se* tiene algunos efectos sobre la efectividad del regulador. Por ejemplo, bajo ciertas condiciones, una comisión o un modelo de consejo de gobernanza reduce el riesgo de captura regulatoria y fortalece la toma de decisiones en comparación con el modelo del miembro único.

La creación de un órgano rector es una disposición institucional importante que va en contra de la captura regulatoria y que promueve la transparencia. Con el fin de ir en esta dirección, las políticas, los criterios y los procesos de selección de los términos de asignación deben ser transparentes. Los miembros del órgano rector pueden ser elegidos por concurso de oposición público o por designación directa de una autoridad. No obstante, el concurso de oposición público crea la mayor confianza si se realiza de manera justa e incluyente.

La elección directa del consejo es otra práctica común de los reguladores. Una sola autoridad o diferentes funcionarios públicos pueden elegir este tipo de órgano rector. Sin embargo, el modelo requiere más transparencia en los criterios de selección ya que pueden existir sesgos en el proceso. Por ejemplo, los actores interesados, la representación de la industria y las secretarías pueden estar en conflicto con la necesidad de tener miembros de consejo con una formación técnica. Los reguladores deben seguir sus objetivos institucionales pero los miembros pueden verse influenciados o contar con una opinión sesgada debido a su postura pública. Por consiguiente, se recomiendan declaraciones claras sobre los objetivos y las metas, así como guías para reducir los conflictos.

Un modelo con muchos miembros también tiene más memoria institucional cuando el reemplazo se escalona. Debido a esta razón, los cambios en el consejo son menos onerosos y es menos probable que modifiquen el trabajo del regulador por completo. Este modelo puede retirar a la institución del proceso político. Por ejemplo, la designación de los miembros del consejo puede ir más allá del periodo de gobierno elegido implementado.

En general e independientemente del modelo rector, los modelos corporativos poseen características flexibles para mejorar la rendición de cuentas, la transparencia, la efectividad, la integridad y la independencia de los reguladores. En contraste, un solo miembro puede ser más adaptable a los cambios de la industria y mostrar más respuesta. La captura regulatoria es más desafiante con un miembro único pero la fuerza institucional de la secretaría principal puede ser de soporte en este respecto.

De acuerdo con el Artículo 4 del decreto de creación de la ARTF, el órgano rector depende de un solo funcionario, quien es el director de la agencia. El presidente nombra y destituye al director por recomendación de la SCT sin un periodo definido. Además, no existen criterios de selección claros ni perfiles profesionales bien definidos para la persona que estará a cargo de la agencia. Por último, no existe un proceso público para los solicitantes al puesto. El proceso de selección junto con prácticas dispersas para crear confianza puede incrementar el riesgo de influencia indebida y el nombramiento de perfiles inadecuados.

El director es la autoridad máxima de la ARTF. Tiene tanto funciones administrativas como de elaboración de políticas. Por consiguiente, el director propone y ejecuta el presupuesto anual y negocia los acuerdos interinstitucionales. Además, el director es el responsable principal de implementar la regulación ferroviaria y de sugerir anteproyectos de regulaciones.

El órgano rector para un regulador independiente debe cumplir los siguientes requisitos:

- Establecer periodos de asignación específicos en instrumentos legales, idealmente en una ley primaria;
- Definir los perfiles profesionales de los candidatos;
- Definir criterios y procesos de destitución tempranos para el/los miembro(s) del órgano;
- Establecer una licitación pública abierta que considere características relevantes, como perfiles técnicos, experiencia y resultados de exámenes. La licitación debe ser dirigida por un comité evaluador no sesgado;
- En el caso de un consejo, las designaciones deben ser escalonadas y garantizar un quórum completo. Si es posible, el consejo debe estar separado de las áreas técnicas de la agencia.

El órgano tomador de decisiones del regulador puede estar conformado por un solo director o por un consejo. Independientemente del modelo rector, en términos generales, los modelos corporativos tienen características más flexibles para mejorar la rendición de cuentas, la transparencia, la efectividad, la integridad y la independencia del regulador. En contraste, los órganos tomadores de decisiones conformados por un solo miembro pueden ser más adaptables a los cambios de la industria y la capacidad de respuesta puede ser más rápida. En contraste, la captura regulatoria es más desafiante cuando existe un solo miembro, pero la fuerza institucional de la secretaría principal puede dar apoyo en este asunto.

Al mismo tiempo, los directores únicos de los reguladores son más adecuados cuando las disposiciones institucionales del sistema público son más fuertes y favorecen la independencia. Además, un consejo es más efectivo cuando existe la necesidad de mostrar independencia en el proceso de toma de decisiones.

Rendición de cuentas y transparencia

Este principio destaca la relevancia de la rendición de cuentas y la transparencia para los reguladores económicos. De hecho, la rendición de cuentas y la transparencia son las bases de la confianza, pero también un mecanismo para alinear las expectativas entre los reguladores y los actores interesados. El mensaje principal del principio es que las prácticas obligatorias o autoimpuestas en la rendición de cuentas y la transparencia promueven el proceso de toma de decisiones y proporcionan los elementos para reducir el riesgo de captura regulatoria.

Con frecuencia, los gobiernos mantienen las obligaciones de transparencia y rendición de cuentas para todas las entidades públicas, incluyendo los reguladores. No obstante, los reguladores independientes deben ir más allá de estas obligaciones en comparación con todas las entidades públicas: por lo tanto, siempre y cuando los reguladores avancen en independencia o autonomía, deben incrementar sus prácticas de rendición de cuentas y transparencia para fortalecer la confianza.

Las obligaciones de rendición de cuentas podrían incluir al ejecutivo, el congreso, el público y los actores interesados. Por supuesto, las áreas para la rendición de cuentas no son necesariamente las mismas para todos los actores interesados. Por ejemplo, el ejecutivo puede enfocarse en objetivos de políticas, coordinación con las secretarías y ejecución presupuestaria; el congreso se enfocaría en objetivos de políticas y ejecución presupuestaria; y el público y los actores interesados se pueden enfocar en los objetivos de políticas. En estos temas, es relevante que los reguladores publiquen sus planes operativos para cada año, para que los actores interesados puedan comparar la agenda planeada con los resultados logrados.

En perspectiva, la transparencia es una clase de rendición de cuentas para el público y el valor de la información publicada vale el trabajo adicional involucrado. Por consiguiente, los reguladores deben publicar toda la información posible sobre su operación, incluyendo la ejecución presupuestaria, las estadísticas industriales, los planes de trabajo anuales, las reuniones con los actores interesados y sus resúmenes, metas y objetivos logrados, etc. Esta información debe estar fácilmente accesible para la mayoría de los usuarios potenciales y en formatos manejables. También es recomendable que los reguladores presten atención a la información necesaria para los usuarios y que la incluyan en las estadísticas rutinarias. Los reguladores deben seguir una política de transparencia como mecanismo para ganar confianza.

Respecto a las obligaciones de transparencia y rendición de cuentas, la ARTF está sujeta a las mismas regulaciones que cualquier institución pública en México. Por ejemplo, la información de contacto de los funcionarios, sus salarios, perfiles, funciones, etc. se encuentran disponibles al público a través de portales web. En términos de información financiera, la agencia publica sus planes presupuestarios y su ejecución.

Actualmente, la ARTF (como un órgano desconcentrado) es responsable ante la SCT y la SHCP. Sin embargo, no es directamente responsable ante el Congreso.

La ARTF publica información estadística de la industria ferroviaria (tarifas, toneladas-km, rutas, accidentes y vandalismo, entre otros), principalmente a través de un informe anual o trimestral. Sin embargo, esta información no es exhaustiva ni detallada y no se publica en formatos manejables. Las principales fuentes de información son las compañías ferroviarias, que someten parte de los datos como lo solicita la agencia y no sigue un calendario, formatos o procesos estandarizados. Como resultado, varias áreas de la SCT pueden solicitar la misma información más de una vez. En el momento de esta revisión, la ARTF mencionó que está creando una plataforma digital para recolectar y publicar información estadística

Participación de los actores interesados

El principio de participación se refiere a una política integral de interactuar con entidades reguladas y otros actores interesados. La relevancia de participar con actores interesados recae en el hecho de que los reguladores aprenden de la industria la manera en la que opera; del público, los efectos de la regulación y de las entidades públicas la forma en la que trabajan en conjunto.

La participación con los actores interesados también es un mecanismo para producir regulaciones de calidad, ya que pueden proporcionar retroalimentación sobre problemas específicos y propuestas para resolverlos. A través de las actividades de participación, los reguladores pueden mejorar la relación con los actores interesados, ya que pueden ofrecer opiniones sobre problemas potenciales y los efectos de la regulación, así como anticipar regulaciones y reducir costos de implementación e incertidumbre.

Es importante que los reguladores se comprometan con una política sobre participación de los actores interesados. La mayoría de los reguladores tiene contacto directo con sus compañías reguladas y otros actores, pero esto es ligeramente diferente de un enfoque político. Una política sobre participación de los actores interesados requiere objetivos, una agenda programada y planeada para discutir problemas regulatorios, análisis de los temas de discusión, etc.

Los compromisos de participación son altamente recomendados pero los reguladores deben tomar en cuenta mejores prácticas en dichas actividades para evitar riesgos de captura regulatoria y conflicto de intereses. Al mismo tiempo, los reguladores deben ser claros sobre el propósito de estas actividades, para que los actores interesados cumplan sus expectativas. Finalmente, todos los ejercicios deben adecuarse al propósito, esto significa que las actividades necesitan criterios de racionalidad. Por ejemplo, puede ser excesivo realizar una consulta compleja, costosa y completa *in situ* para una pequeña regulación propuesta con pocos efectos potenciales esperados. De este modo, las prácticas de consultoría como consultas tempranas, evaluación de impacto regulatorio y consultas *ex post* (bajo actividades de evaluación *ex post*) deben adoptarse como parte de la política de participación.

Los principales puntos de contacto entre la ARTF y sus actores utilizados son las reuniones programadas y el proceso de consulta durante los anteproyectos, que gestiona la CONAMER. Como se mencionó anteriormente, no existe una planeación sistemática de las reuniones y de los temas relevantes que se abordarán por el sector. Dado que la ARTF no cuenta con un inventario regulatorio para cumplir con la regla *una entra, una sale,* lo que limita su capacidad para emitir regulaciones, se ha limitado la participación de los actores interesados relevantes en la elaboración de los anteproyectos de regulaciones ferroviarias.

Otro canal para la participación con los actores interesados es el proceso de consultas tempranas. Su objetivo principal es identificar problemas potenciales y alternativas antes de crear un anteproyecto de regulación. Actualmente, no existe evidencia sobre el uso sistemático de esta práctica.

Financiamiento

El principio posee por lo menos dos ramificaciones. En primer lugar, el financiamiento es el canal que permite al regulador lograr las metas de acuerdo con los objetivos. Por una parte, las fuentes de financiamiento pueden contribuir a garantizar la independencia (principalmente del gobierno, pero también de las compañías reguladas) en el proceso de toma de decisiones y en la implementación de la regulación.

El número de las fuentes de financiamiento disponible para los reguladores debe planearse en los objetivos y establecerse con metas en mente. El financiamiento para los reguladores puede ser suficiente para lograr las metas esperadas en la cronología específica, lo que puede incluir objetivos anuales o más largos. De hecho, la planeación de metas y presupuestos se encuentran alineados cercanamente. Sin embargo, el presupuesto no debe ser el principal impulsor, ya que algunas veces un presupuesto ajustado se asigna para cumplir altas metas, esto no significa que los reguladores deban recibir presupuestos sustanciales. Más que eso, debe existir un balance entre el presupuesto y las metas, y la clave es la planeación.

Las fuentes de financiamiento y el fácil acceso a los fondos también son un problema relevante para propósitos de independencia. La independencia se basa en las disposiciones institucionales entre los reguladores y las entidades responsables de proporcionar financiamiento. Estas disposiciones pueden ser sólidas y puede no ser necesario separar el presupuesto de los reguladores de otras instituciones, como es el caso cuando la agencia es parte de una secretaría o cuando la primera valida el presupuesto. Si las disposiciones son fuertes con el tiempo, es posible que mantengan dicha estructura, pero si existe un riesgo percibido de cambio en la política, puede ser sensible a separar el presupuesto de la secretaría a través de instrumentos legales. Asignar facultades legales al regulador para evaluar, proponer e implementar el presupuesto ayuda a reducir el riesgo de captura y a aliviar las presiones potenciales para influir en las decisiones del regulador. Disposiciones particulares sobre el presupuesto dependen de los perfiles del país y de la capacidad institucional, pero vale la pena mencionar que la planeación del presupuesto propio y la ejecución trabajan hacia la independencia.

El decreto de creación de la ARTF en 2016 no otorgó a la agencia los recursos financieros necesarios para su operación ni estableció una fuente de financiamiento que asegure el cumplimiento de sus objetivos. La transferencia de obligaciones regulatorias de la SCT a la ARTF se vio restringida por la imposibilidad de incrementar el presupuesto de la SCT en el momento. Esta división implica un desafío operativo, ya que los problemas legales y administrativos fueron manejados por la SCT. Actualmente la agencia requiere personal administrativo, lo que crea una carga adicional sobre el presupuesto.

De acuerdo con la ARTF, la agencia carece de recursos humanos con habilidades técnicas, pero el presupuesto actual limita la posibilidad de asignar recursos a contratar personal adicional. Además, la agencia no puede realizar una política de inspecciones adecuada, ya que no cuenta con los insumos financieros y humanos necesarios. Con el fin de que la ARTF siga un enfoque basado en los resultados, debe contar con recursos e independencia suficientes para asignarlos.

La ARTF requiere un presupuesto estable y suficiente. Actualmente, con el fin de obtener recursos, la agencia negocia con la SCT, lo que significa que la agencia envía una propuesta a la Secretaría y la anterior decide si acepta o no. La mayoría de las veces existe una reducción en el presupuesto presentado por la ARTF, dado que la Secretaría debe negociar (con la SHCP) un presupuesto general para el sector.

La disposición ideal del esquema de financiamiento de la ARTF implica una transferencia directa de la cuota existente que las entidades reguladas deben pagar al gobierno (2% de su ingreso), que ahora va al presupuesto Federal. La agencia debe administrar sus propios recursos de acuerdo con sus necesidades. Una medida adicional es que la ARTF negocia su presupuesto directamente con la SHCP.

Vale la pena mencionar que la agencia no debe recibir los recursos recolectados a través de multas, ya que crea incentivos a sanciones cuando no existe necesidad.

Evaluación del desempeño

Este principio motiva a los reguladores a realizar una evaluación del desempeño de acuerdo con los objetivos de políticas subyacentes. Si el regulador no evalúa su trabajo y sus acciones, jamás sabrá si los efectos de su intervención se alinean con sus objetivos y si ha existido un retorno sobre los recursos invertidos.

La evaluación del desempeño permite que los reguladores fortalezcan las actividades o las acciones que contribuyen al máximo a sus metas y modifican aquellas con efectos deficientes. Debido a la relevancia de la evaluación del desempeño, es importante realizar estos ejercicios periódicamente. La frecuencia depende de la relevancia de la política y del tipo de evaluación. Por ejemplo, una evaluación de los indicadores de desempeño respecto a los resultados puede lanzarse en una base anual, ya que necesitan análisis estadísticos "simples", que no consumen tanto tiempo. Por otra parte, el impacto o los efectos reales de las decisiones regulatorias requieren un análisis que sea más complejo y herramientas avanzadas. Al mismo tiempo, la identificación de los efectos finales puede ser confusa en las etapas tempranas de implementación.

Por último, la publicación de los resultados es tan importante como el lanzamiento de actividades de evaluación de rendimiento. Ayuda con los problemas de rendición de cuentas y transparencia.

De acuerdo con la ARTF, está trabajando en la creación de un Sistema Nacional de Indicadores Ferroviarios, que incluirá información del sector. Sin embargo, al momento de esta Revisión, no existe información sobre el estado o la posible fecha de liberación del sistema.

Actualmente la agencia no cuenta con indicadores de desempeño para evaluar la efectividad de su política regulatoria.

Referencias

OECD (2014), *OECD Best Practice Principles for Regulatory Policy*, OECD Publishing, Paris, https://doi.org/10.1787/23116013. [1]

OECD (2012), *Recommendation of the Council on Regulatory Policy and Governance*, OECD Publishing, Paris, https://dx.doi.org/10.1787/9789264209022-en. [2]

Glosario y definiciones

Derechos de acceso	Derechos para utilizar infraestructura ferroviaria con el propósito de otorgar a una compañía la posibilidad de operar trenes.
Desvío	Es una nueva línea ferroviaria que reemplaza o complementa una existente. Los desvíos pueden construirse para evitar cruces difíciles, una ciudad, un área urbana, pueblo, etc.
Patios de carga	Áreas donde se gestiona transporte de carga, ya que se carga y descarga de los trenes.
Derechos de arrastre	Un acuerdo donde una compañía ferroviaria transporta tráfico en su línea y en sus trenes a nombre de otra compañía. El propietario de la línea recibe una cuota por proporcionar acceso a la otra compañía. La principal distinción entre los derechos de arrastre y de uso de vías es la compañía que opera los trenes.
Tráfico de intercambio	Carga que se intercambia de una ferroviaria a otra.
Tráfico interlínea	Tráfico que se origina en un concesionario y termina en otro concesionario. Un movimiento interlínea incluye a más de un concesionario.
Ancho de vía	La distancia mínima perpendicular entre las caras internas de dos rieles.
Itinerarios	Es la capacidad de una compañía para utilizar sus trenes en un tramo de vía específico durante un periodo determinado.
Derechos de uso de vías	Un acuerdo bajo el cual la ferroviaria tenedora obtiene derechos del propietario de los derechos de uso de vía para proporcionar servicio de transportación sobre la instalación conjunta y es el único responsable de la pérdida o el daño de la carga. El tenedor paga una cuota para compensar al propietario por el mantenimiento de las vías, el despacho de trenes, entre otros gastos.
Líneas troncales	Principales canales de suministro que usualmente manejan tráfico de largas distancias.